當光亮
照破黑暗
達賴喇嘛講《入菩薩行論》〈智慧品〉

U0021247

Practicing Wisdom
The Perfection of Shantideva's Bodhisattva Way

達賴喇嘛 H. H. Dalai Lama◎著
廖本聖◎譯

目 錄
contents

編按：

注號 -1- 為譯注；

✍(1) 為原注。

寂天《入菩薩行論》的〈第九品〉，也就是達賴喇嘛尊者在本書中說法的依據，在這一品開頭提到：「佛陀教導各種層面的教法，目的均是為了開發智慧。」這個表面上看似簡單的主張，捕捉了佛陀精神核心的深刻洞見。佛陀不像許多和他同時代的修行人，他主張一個人要達到最高的證悟，並非透過身體的苦行或透過複雜的宗教儀式，也不是透過祈禱；而是透過戒律調伏自己的內心。此外，由於把我們束縛在永無止盡、無法覺悟的輪迴狀態的，是源自對於自己真正存在本質的「根本無明」，因此，對於我們的存在本質開發出深刻的瞭解，必然就構成了這門精神學科的核心要素。因此強調智慧的開發。

若說寂天這部《入菩薩行論》是大乘佛教最重要的精神與哲學典籍之一，一點也不為過。這部於第八世紀撰寫的將近一千首詩偈的短篇作品，在完成後不久，便成為以菩薩到佛地圓滿覺悟之間漫長旅途 -1- 為主題的經典之作。不同於另外一部也是以詩偈寫成、即聖勇（約第四世紀）的古典大乘佛教作品《攝波羅蜜多論》，寂天的這部論典並非明確地依照眾所皆知的大乘六度的架構建立起來的；雖然有幾品（第5-9品）專門在探討六度中後四度的內容──安忍、精進、靜慮、般若，但前四品（第1-4品）則處理致力於發菩提

-1-

從發起無造作菩提心的大乘資糧道位菩薩（入大乘道者）到成佛為止，一般需要三無數大劫（三大阿僧祇劫，即3×10^{59}大劫）的時間。

心的各種層面的問題，而最後一品（第10品）則抒發一連串深刻感人的菩薩迴向。

　　寂天這部經典之作在第九世紀首次從喀什米爾版本譯成藏文 -2- ，後來，仁千桑波（寶賢）譯師仔細比對中印度版的根本偈，並根據相關注釋做了修訂。第十二世紀時，著名的俄譯師洛登謝惹（具慧般若）又再一次做了嚴謹的修訂。我們首先要感謝西藏噶當派這個傳統的早期那些善知識，包括創始人——印度孟加拉的阿底峽尊者及其首要弟子種敦巴，他們經常於自己的教法中引用寂天這部經典之作裡中肯的詩偈，因此《入菩薩行論》在整個西藏佛教圈裡極為盛行。寂天這部論典和龍樹的《寶鬘論》、無著的《菩薩地》一樣，成為西藏「修心」傳統的「根本典籍」。修心所教授的核心目標，是以致力於開發我們內心「為利眾生願成佛」的菩提心，並且把這個利他原則落實在日常生活中為主。往後的八、九百年間，這部短論在所有西藏佛教主要傳承中盛行的情況與影響力大幅增加，更吸引了像薩迦第二祖綏南仄摩（福頂）般偉大的西藏善知識、修心大師溫秋‧拓昧桑波（無著賢）、偉大的格魯派作者賈擦傑、噶舉派善知識兼著名的歷史學家巴渦‧祖拉稱瓦，以及眾所周知的寧瑪派大師匹‧巴楚等針對它撰寫大量的注釋。

-2-
由印度學者一切智天和西藏譯師吉祥積合譯。

這部佛教論典對這一世達賴喇嘛思想的影響是無庸置疑的。他不僅在談論佛教的許多公開演講中大量引用該論典的內容，甚至在面對更廣大的非佛教聽眾時，達賴喇嘛仍舊和他們分享他對寂天《入菩薩行論》的熱愛。事實上，他從寂天這部論典中引用如下詩偈，作為鼓舞他的精神與力量的最大泉源。

只要虛空仍然存在，只要眾生仍然存在，
願我也存在到那個時候，並且盡除世間的苦難。

這部古典印度佛教作品之所以在西藏受到廣大的喜愛，部分原因或許在於它優美的詩韻。大部分時間，作者均是以第一人稱的口吻來撰寫，以胸懷大志的菩薩的各種修習要素，作為一連串個人的反省。在字裡行間，在在都傳達出直接有力的觀念，而深刻的程度對於胸懷大志者來說，是很鮮明突出的。

就像許多年輕的西藏僧侶一樣，我有幸在年輕時能背誦這部典籍，也有幸從內心多次朗誦一整部，這種情況經常發生於我寺廟所在的南印度、相當寒冷的夜裡。至今，我還相當回味一九七○年代，當我在寺廟所屬西藏村的玉米田工作時，背誦這部典籍的整個過程所帶來的樂趣。在藏文版本中，這些詩偈是以格

律完美的詩節寫成，其表達方式足以媲美任何原本就以藏文寫就的詩作，因此很容易記憶與念誦。

　　本書所根據寂天的這部經典之作，其中的〈第九品〉是一部相當精細且複雜的哲學論著。寂天以如下這首偈句作爲〈第九品〉的開頭：

所有這些修習的要素 -3-，都是佛陀為了智慧而教導的 -4-；因此，那些想要止息痛苦的人，必須產生智慧。

-3-
即《入菩薩行論》的〈第1品〉至〈第8品〉的內容。

-4-
亦即《入菩薩行論》的〈第1品〉至〈第8品〉的內容（或者說空性以外的教法）都是為了《入菩薩行論》〈第9品〉（瞭解空性的智慧）而說的。

　　寂天透過這個敘述，強調開發智慧的基本重要性之後，開始有系統地敘述他所認爲的佛陀洞悉實相本質的核心。寂天身爲一位佛教中觀學派的擁護者，對他而言，實相的究竟本質就是「一切存在成分的自性空」。換句話說，智慧的開發必須是開發對於空性的最深層瞭解。寂天所提出開發智慧的修習，大體上可以分爲如下三大段落：(1)說明二諦的本質與特性；(2)對於那些只想從輪迴解脫的人來說，也必須瞭解空性；(3)詳細說明建立空性這個眞理的各種論證。

　　在第一部分，寂天除了對他所瞭解的二諦——勝義諦與世俗諦——本質下定義之外，還特別著重在同爲大乘學派的唯識學派見解，並對佛教的「實在論者」

與「唯心論者」提出持續性的批評。而第二個部分當
中，在全面論證「瞭解空性的智慧對於即使要證得解
脫輪迴來說也是必要的」之餘，還對大乘教法的可信
度，包含其經典的有效性，提出有系統的確認。他這
樣的作法，是追隨某些傑出前輩，例如龍樹、無著及
清辨的足跡，他們對於建立大乘道的有效性這個目
標，也撰寫了大量的著作。在最後的部分裡，寂天說
明了各種形式的論證，例如著名的「緣起正理」，來成
立佛陀關於「人無我」與「法無我」教法中所體現的
空性真理。在這個過程中，作者對於各種非佛教的印
度宗義，例如他們所假設的「阿特曼」或「永恆之我」
的理論、數論派（僧佉師）把「原質」視為「實相基
礎」的理論、自在天（濕婆）派的「神造萬物」的主
張、勝論派（衛世師）的「無方分極微」的理論，以
及唯物論者伽爾瓦卡（順世外道）的「偶然生成」的
理論等，提出廣泛的批評。關於觀修「法」或「存在
成分」的無我性質，則是循著眾所皆知的「四念住」，
亦即身念住、受念住、心念住、法（內心的對境）念
住的既定模式，給予實際的說明。本品是以感動人心
的規勸作為結束，也就是在開發瞭解空性智慧的同
時，能夠把這個智慧結合到對於一切有情的無窮無盡
的大悲心之上。

　　達賴喇嘛尊者已在許多場合說明過寂天這部論
著，包含困難的〈第九品〉，其中有一些已經透過當代
語言出版發行。而我們目前這個版本的獨特之處，在
於達賴喇嘛此處關於〈第九品〉所提出的解說，是根
據兩部有趣的第十九世紀西藏注釋，每一部均代表著
一個重要的西藏佛教傳統的觀點。袞桑奔登堪布的注
釋，題名為《文殊上師言教》，代表寧瑪傳承的觀
點；而彌亞·袞桑綏南的注釋《闡明甚深緣起空性之
明燈》，則代表格魯派的觀點。兩位作者均是寧瑪派大
師匝·巴楚的重要弟子，匝·巴楚在恢復《入菩薩行
論》的研讀與修習方面起了很大的作用，特別是在寧瑪
的傳統中。於十九世紀初西藏某些地區開始的「不分教
派運動」中，這二位均是活躍的參與者。

　　達賴喇嘛對於寂天這部著作的重要〈第九品〉提
出一偈接著一偈的詳細解釋，光憑這點就足以讓此書
成為一部哲學的經典之作，不僅如此，他甚至還把個
人對於佛道修習的深思熟慮點綴於注釋中。本書是
依據在法國所舉行的教學而成，原本作為每一次課
程開始的前行解說，此處則編排在達賴喇嘛演說的後
半部 -5-。我們把這些深思熟慮從真正的注釋中區隔開
來，而置於「修習智慧」這個副標底下，如此一來，
讀者便可以更清楚地理解根本典籍的注釋。達賴喇嘛

-5-
即本書每一章最後的「觀
修」內容。

除了並列排比上述兩部注釋書，並說明他個人對於寂天這部根本典籍的瞭解外，同時還把他投入在這部大乘佛教重要的宗教與哲學著作所累積的豐富經驗，提供給現代讀者。

達賴喇嘛將兩個西藏重要傳統觀點的兩部不同注釋交織在一起的結果就是，把第十九世紀末發生在西藏、具有高度啓發性的辯論帶到極致。這個辯論從具有影響力的寧瑪派思想家局‧米龐‧南傑嘉措對於〈第九品〉簡短注釋的出版開始，他的作品引起許多著名格魯派作者的大量批評，包括眾所周知的札卡‧洛桑奔登，他也是一位不分教派運動的參與者。至於這兩個西藏傳承對於這一品的解讀產生分歧的關鍵細節爲何？就留待讀者從達賴喇嘛在本書中提出的清晰說明去判斷。爲了把哲學省思帶回到精神修習的基本架構中，達賴喇嘛的大多數教學是以引導觀修〈第九品〉中提出的哲學與精神深思的關鍵內容作爲結束。

本書依據達賴喇嘛尊者於一九九三年應法國西藏佛教中心聯盟的邀請在法國拉瓦爾的金剛瑜伽母學院舉行爲期一週的演講，這個教法延續了之前在法國鐸爾多寂天《入菩薩行論》前七品爲期一週的演說。由於來自於歐洲不同地區的出席者相當多，因此教法被

翻譯為包含英語、法語、德語、西班牙語及義大利語等所有主要歐洲語言。這不只是個為期一週的嚴肅佛教教法閉關，也是一個精采的歡樂場合，在這裡同為佛教的修行者彼此聯誼或敘舊，並且分享他們個人的瞭解與經驗。而就像在許多場合上一樣，此處我也很榮幸能把達賴喇嘛的教法翻譯為英語。

　　由於許多人的協助，尊者的教法的文字記錄才能順利地呈現為目前這本書的模樣。對於他們，我想要表達最深的謝意。

圖登京巴（Thupten Jinpa）
蒙特婁，二○○四

第一章　導論

培養清淨的動機

　　這本書從頭至尾，在我身爲老師這方面，已盡所能地培養一個利益讀者的清淨動機。同樣地，在你們那方面，以善心和良好的動機來接受這些教法也很重要。

　　對佛教修行者，和把證得圓滿覺悟作爲究竟心靈志向的讀者來說，維持自己成爲一個好人和富有同情心的人，這個目標也很重要。透過這個目標，可以確保在這裡的努力是有利益的，而且將有助於累積功德，並在周遭開發正面的能量。當你們準備閱讀這個教法時，首先應該皈依三寶，並再次確認所發起的是利衆生願成佛的利他心。沒有皈依三寶，你的修習不會成爲一位佛教行者的修習；如果沒有發起爲利衆生願成佛的利他願望，那麼你的行爲不會成爲一位大乘佛教行者。

　　無疑地，有些讀者並不是佛教的修行者，但是對於佛教教法依然有濃厚的興趣；有些讀者或許是來自於像基督教等其他宗教背景，而且大概對於佛教在轉變精神層次的某些技巧與方法感到興趣。對於不是佛教修行者的讀者們而言，當你準備好去閱讀這些教法時，也可以培養一個良好的心態與動機。假如你發現

某些技巧及方法可以採用,並融合到自己的精神生活中,請不要客氣。反過來,如果無法找到任何如此有益的方法,你當然可以完全把這本書擺在一旁。

至於我本身,只是一位單純的佛教僧侶,深深景仰並獻身於佛陀教法,特別是大悲心與瞭解實相甚深本質的教法。我對於自己能夠充分闡述佛陀豐富的精神教法,並沒有任何自豪之處;然而我的確盡最大的能力,去肩負起歷史加諸在我身上的重責大任,儘可能地把個人對於佛教教法的理解分享給許多人。

很多人閱讀這些教法是為了尋求轉變內心的方法,並以此作為主要目標。在老師方面,可能的話,他對於自己所要教導的主題擁有完全的認識,是最令人嚮往的。就我來說,雖不能宣稱自己對於這裡所要處理的主題擁有充分、完全的認識,但是我們正在研讀的這部論著絕大多數是關於空性的教義,而我對於空性哲學的確有很深的敬意,而且不論什麼時候,只要有機會,我便會盡一切所能地試著去深思。基於這個微不足道的經驗——我可以宣稱至少有一些經驗——我有一個感覺就是,這是一個活生生的哲學,而且瞭解空性的確有效果。此外,我覺得自己在情感上和空性觀念是連繫在一起的。這是我可以宣稱自己有資格教導這部典籍之處。

理智與信仰

　　對於所有讀者而言，不論你是否已經對佛教培養一個深刻的興趣，並且開始踏上精神之道去探索佛陀的豐富教法，或只是正要開始，重要的是，不要單單被信仰所蒙蔽，也就是只根據信仰就相信每一件事。如果眞是這樣，那麼你會有喪失批判能力的危險。更確切地說，信仰或虔敬的對象，必須是經由個人瞭解所發現、透過批判的深思熟慮而推導出來的。假如批判思考的結果，是培養出一種深刻確信的感覺，那你的信仰可以發展。基於論理所培養的自信與信仰，當然將會是非常堅定與可靠的。如果沒有運用理智，你對於佛陀教法的信仰，將只是一個沒有依自己的瞭解爲基礎、毫無理性的信仰而已。

　　去探究並擴大自己對於佛陀教法的瞭解，是很重要的。第二世紀的印度祖師龍樹說，對於精神發展而言，信心和理智兩者都是關鍵要素，這兩者中，信仰是基礎。然而他很清楚地說，要讓信心有足夠的力量，驅使我們在精神方面有所進展，我們需要理智，也就是一個可以讓我們辨認正道並培養深刻洞見的能力。但是瞭解不應只停留在知識與理智的層面，應該結合你的內心與心靈，這樣才會對行爲產生直接的衝

擊，否則你對佛教的研究將純粹只是理智上的，對你
的態度、行爲或生活方式將沒有絲毫影響。

根本典籍

　　西藏佛教中，根本典籍，例如經典與密續，是由佛
陀親口宣說的最初教言 -1-。此外，還有《丹珠爾》-2-，
也就是權威的印度學者們撰寫的大量論典總集。另
外，還有來自西藏佛教所有四個傳統的許多大師們所
寫的、數以千計的注釋作品。關於目前這個教法，我
所使用的根本典籍，是第八世紀偉大的印度祖師寂天
撰寫的《入菩薩行論》〈第九品、智慧〉。

　　我從一位偉大的禪修者與精神導師——已故的昆
努仁波切登津簡參那裡接受這部典籍的傳承。昆努仁
波切依據寂天這部典籍而對於發菩提心的修習有其獨
到之處。他是從著名的匝・巴楚仁波切那裡得到這個
傳承。

　　我將會使用兩部重要的參考書作爲注釋寂天這部
典籍的基礎。第一部是袞悲堪布撰寫的，反映了寧瑪
派，也就是舊譯學派所用的術語。另外一部是由彌
亞・袞綏所撰寫，他雖然是巴楚仁波切的學生，但本
身卻是格魯派的追隨者，因此他使用格魯派這個傳統

-1-
藏文音譯即「甘珠爾」，
意思為「佛說部」。

-2-
意思為「論疏部」。

的術語。當我在說明根本典籍的時候，也會特別指出
這兩位專家在解釋寂天的〈第九品〉的歧異之處。讓
我們來看看是如何進行的。

第二章 佛教的脈絡

歷史背景

　　大悲且善巧的導師釋迦牟尼佛，於二千五百年前
住在印度，他教導各種轉化精神的技巧與方法，並且
依據眾多有情不同的性情、興趣與智力而作這樣的教
導。

　　佛教這個富於精神與哲學的已開發傳統，由於偉
大的印度祖師，例如龍樹及無著等不間斷地傳承，得
以維持並且發揚光大。它在印度臻於成熟，後來傳到
亞洲許多國家，並且於第七、八世紀開始盛行於西
藏。有許多知名人士是這個歷史進程的一部分，包括
印度住持寂護、蓮華生大士，以及西藏君王赤松德
贊。自這個時期以後，佛教在西藏發展得非常迅速。
就像在印度一樣，偉大的西藏祖師連續不斷地傳承，
將佛陀教法普遍弘揚於整個國家方面，作了極大的貢
獻。其間，由於西藏地理的因素，四個主要的學派在
西藏逐漸形成，也導致了術語選用上的差異，在佛教
的觀修和見解方面所側重的觀點也有所不同。

　　這四個學派中的第一個是「寧瑪派」，也就是「舊
譯學派」，始於蓮華生大士時期。從大譯師仁千桑波時
代開始，其他三個學派，即噶舉、薩迦及格魯，總稱
為「新譯學派」，逐漸形成。這四個傳統的共通之處，

是他們均為佛教的完整形式。每一個傳統不僅包含小
乘教法的精髓，也涵括了大乘與金剛乘佛教的精華。

佛教之道

　　對於那些不是佛教徒，或對於教法很陌生的人，
我提供一個佛道的概觀，也許會比較有幫助。

　　身為具有感受和認知的人類，本能上都會尋求幸
福，並希望克服痛苦。除了這個與生俱來的渴望之
外，我們也有權力去實現這個基本的目標。不論成功
或失敗，我們一生所追求的，或多或少都是朝向實現
這個基本欲望。對我們而言，這種情況就是在追尋精
神上的解脫，不論是涅槃或救度，不論是否相信輪
迴。可以很明顯看到的是，我們的痛苦與安樂、幸福
與不幸福的經驗，都和自己的態度、思想、情緒有密
切的關係。事實上，可以說所有這些都是由內心產
生。因此我們會看到，世界上所有主要宗教傳統的教
法，都特別強調轉化內心與心靈為基礎的精神之道。

　　佛教教法的獨特之處，在於整個精神之道是以
「『我們所認知到的真實』（表象）與『事物實際存在的
方式』（實相）是全然不同的」這個前提為基礎。處於
我們存在中這種主要的差異，導致了各種心理的困

惑、情緒的苦惱、沮喪及挫折，一言以蔽之，就是痛苦。甚至在日常生活中，也經常會遭遇到受騙、理想破滅等情況。這類情況最有效的對治之一，就是有自覺地開發知識、擴大視野，並且變得更熟悉這個世界。這樣做，會發現自己更能夠處理各種逆境，同時不會這麼常陷入沮喪和感覺希望破滅的狀態。

同樣地，在精神層面上，擴展我們的視野並培養一個真正看穿實相本質的洞見，也是很重要的。用這種方式，才能將滲透到對這個世界和我們存在的看法中的根本誤解或無明除去。這點可以在佛教中發現許多形成實相基本架構之二諦本質的討論。基於對實相的這個瞭解，而有各種層次精神之「道」與「地」-1-的解釋，均可以在真正洞見的基礎上為我們所瞭解。因此，當我們在佛教中開始踏上一個朝向覺悟的精神之道時，必須培養真正看穿更深刻之實相本質的洞見。如果沒有這樣一個基礎，就不可能達到高度的精神瞭解，在精神方面的努力，會變成只是建立在毫無基礎上的幻想而已。

-1-
「道」（path）與「地」（ground），主要根據彌勒的《現觀莊嚴論》。亦即探討菩薩的「勝解行地」和「十地」（極喜地、離垢地、發光地、燄慧地、難勝地、現前地、遠行地、不動地、善慧地和法雲地），以及三乘（聲聞乘、獨覺乘和大乘）各自的「五道」（資糧道、加行道、見道、修道和無學道）等內容。

因果與四聖諦

　　佛陀在證得圓滿覺悟之後，第一次為大眾說法時，內容就是以四聖諦為架構，分別是「苦諦」、「集諦」、「滅諦」，以及「滅苦之道」（道諦）。

　　關於四聖諦教法的核心，就是「因果法則」。藉由這層認識，四諦可以區分為二對因果關係。第一對是關於我們不想要的、和痛苦經驗有關的。第二對因果關係則是和幸福與平靜有關。換句話說，第一個苦諦是第二個集諦的結果；同樣地，第二個滅諦，即解脫或脫離痛苦的狀態，則是第四個道諦，即導向解脫狀態之道的結果。痛苦的結束是精神追求者的目標，而且是真正的解脫或幸福。這個教法反映了對於實相本質的一種深刻瞭解。

三種苦

　　苦諦所指的不僅是我們非常明顯的痛苦經驗（苦苦），例如疼痛的感受，這種痛苦連動物也能辨認出它是不受歡迎的。還有第二種層次的苦，就是所謂「壞苦」（改變之苦），指的是那些我們經常視為令人心情舒暢的感受。根據自己每天對這些樂受在本質上瞬間

即逝的經驗，也能夠辨認這個層次的痛苦。因為我們能夠看見其特有的無法滿足的本質，是這種苦的必然部分。

　　第三種層次的苦，稱為「周遍行苦」-2-。對我們而言，很難辨認其為苦，要知其為苦，需要相當程度的深刻思維。我們有各種成見、思想、偏愛、恐懼和希望，這樣的思考過程和情緒會產生特定的心態，然後依次推動各種行為，其中大多是具有破壞性的，並且經常會導致更深一層的精神困惑與情緒的苦惱。因此，所有這些令人苦惱的想法與情緒會和某些心理、言語或身體的行為有關。但是，某些行為並非明確地由任何負面或正面的心態所發動；更確切地說，是來自一無感覺或中性的心態。這樣的行為一般而言並沒有什麼力量，而且留下的影響較小。相反地，由強烈的動機或情緒所驅使的行為，必然是正面或負面兩者之一，會在我們的心態與行為上留下明確的影響。尤其如果這個動機是負面的話，在心理與身體上遺留的痕跡（印記）會非常顯著。因此，基於自己每天的經驗，可以推知我們的思想、情緒和表現於外的行為，這兩者之間有一種因果關係。思想與情緒產生負面行為的這種循環，依次更進一步決定了苦惱的思想與情

緒，這是一個從我們方面無須耗費任何特別力氣的永無休止過程。第三種層次的苦，指出我們存在的本質，基本上就是受困在一個永不知足的循環中。當佛陀說痛苦有可能終止時，意思是指從第三種層次的這種苦得到解脫。

解脫的潛能

這裡，可能有人會提出疑問：「我們這個受到汙染的身、心所構成的特殊存在本質，有沒有改變的可能？有沒有可能不要被羈絆在這樣一個受限的存在中？」在討論到「寂滅」（滅諦）的時候，佛教指出解脫，意味心裡所有負面觀點完全除去的可能性，指出從所有痛苦完全解脫的可能性。這是一個值得修行者嚴肅思考的問題。

在初轉法輪的時候，佛陀曾談論到寂滅。然而只有在第二及第三轉法輪的大乘教法中，寂滅與解脫的本質才完全被解釋開來。在第二轉法輪、主要是在《般若波羅蜜多經》中，佛陀解釋心的本質是清淨的。從這個觀點來說，我們各種惱人的情緒與思想都是外來的，也就是說，這些並非構成心的本質的一部分，

因此是可以去除的。

身為佛教的修行者，我們應該以批判的方式深思下列問題：「那些惱人的心態，特別是讓我們執著現象為實有的根本誤解與無明，和實相的本質一致嗎？或者，那些惱人的扭曲心態並沒有可發揮功能的經驗或實相的基礎？」透過這樣的深思，我們會逐漸明白，首先我們必須概括地去檢視現象是否如大部分的時候所顯現的那樣，具有實有和獨立的實體；是否個別的人、事、物皆各自獨立存在。在《般若波羅蜜多經》中，可以發現大量討論一切現象缺乏自性存在的內容。這些經典說明，雖然我們或許會認知並經驗自己的存在和其他現象為自性存在，但假如我們用更深刻的分析去探索，會發現原本所認知這種固有與獨立存在是扭曲、錯誤的，也就是說，這種認知實際上是一種錯覺，且沒有事實根據。

接著，被這種錯覺所影響的狀態會接踵而至地發生，例如惱人的情緒、生氣、瞋恨、欲望、忌妒等，也和實相缺乏關聯。因為這個潛在的根本原因、這個根本無明是扭曲的，錯認一切事物在本質上是實在的，因此可以透過深思而加以修正。這表示整個由無明所引起的未覺悟循環狀態，是有可能可以終止的。把我們束縛在這種未覺悟狀態的無明果報，即我們有

漏的身、心二蘊 -3-，也可以被去除。從源自於這種根
本錯覺的糾纏中徹底解脫出來的狀態，就是涅槃或真
正的解脫。佛陀透過這樣的方式說明有關四聖諦的教
法，並在他有關十二緣起支的教法中探究，更進一步
開展四聖諦這個主題。

緣起

在《緣起經》中，佛陀說：

此有故彼有，
此生故彼生。
如是，無明緣行……。

　　換句話說，要讓一個特殊的事件或經驗發生，必須
要有一個因，而這個因本身必須是存在的。這個因也將
會是其前因的一個果，假如它本身不是一個產物，那麼
將缺乏產生任何結果的潛能或能力，是以這個因本身
必須是其前因的一個產物。因此，佛陀說過因為有這
個因的產生，所以那個果被產生。而不只這個因必須
要有一個因，這個因也必須和它的果有關聯。任何事
物都可以產生任何事物的這種講法並不正確；更確切

-3-
即「五蘊」。其中，「身
蘊」相當於五蘊當中的
「色蘊」，而「心蘊」則相
當於五蘊當中的後四蘊，
即受蘊、想蘊、行蘊和識
蘊。

地說，只有某些因才會導致某些類型的果。

　　基於這一點，佛陀說根本無明的存在導致了「業」或行為。我們所不想要的痛苦經驗，例如疼痛、恐懼、死亡這些結果，基本上都是由其對應的因所產生的。因此，為了結束這些痛苦，必須讓相關的因果序列終止。佛陀在十二緣起支的架構中，解釋在這個因果序列裡，前前的支分如何產生後後的支分，也解釋了十二緣起支的還滅過程。換句話說，透過終止前前的支分，我們便可以去除後後的支分。因此，只要完全切斷因果的根本，亦即去除我們的根本無明，最後將會從一切痛苦及其起因中，獲得完全解脫的經驗。

　　在十二緣起支中，無明被列為第一個因。我覺得這反映了我們在本能上皆想要安樂並尋求避免痛苦的基本真理，不須要任何人教導我們這個與生俱來的欲望。然而，雖然我們擁有這種天生尋求幸福和克服痛苦的熱望，依然會發現自己沒有持久的安樂，並且仍然陷在痛苦中。這表示了我們的存在方式中出了某些問題，我們不知道方法可以實現對幸福的基本渴望。因此，從十二緣起支的教法中所獲得的洞見，也就是無明是痛苦的根本原因，的確是真的。

　　關於根本無明的本質，在佛教思想家中，例如無著與法稱，當然存在著不同的解釋。其中絕大多數均

認為這個無明不只是一個無知的狀態，更確切地說，是一種主動的誤解狀態，意思是對於不瞭解的內容卻自認為我們瞭解。是以一種扭曲的方式來瞭解實相，也就是我們經驗到的世間事物與事件，彷彿每一個均有某種獨立、自性的存在。

洞見

「無明」這個術語，通常可以用來指負面和中性這兩種心態。然而，「根本無明」是表示輪迴的根本原因。我們指的是一種扭曲的心態，因為是扭曲的、對於實相本質的誤解，因此去除這個無明的方法，理應是產生洞悉實相本質、看穿無明虛構之假象的智慧。只有經驗到「這種扭曲心態所虛構的觀點是毫無根據的」，才能夠獲得這樣的一個洞見。僅僅祈禱：「願我擺脫這個根本無明！」是不會帶領我們到達想要的目標的。我們需要開發洞見。

唯有產生這種洞見，並且洞察實相的本質，才能夠斷除這個根本的錯誤認知。我用這個洞見或智慧，來指佛教術語中所謂對於「空性」或「無我」的瞭解。「空性」、「無我」、「無我性」與「無自性」這些術語所指的意思，在佛教教法中有各種解釋。但是

這裡，我用這些術語來表示「自性存在的空性」。相反地，執著事物與事件具有某種自性或獨立的存在，則是根本無明。透過「瞭解沒有任何這樣的自性存在」而產生的深刻洞見，稱爲「道諦」-4-。

在第二轉法輪中，主要在般若波羅蜜多系列的經典裡，佛陀說無明位於所有煩惱與困惑，也就是我們的負面思想與情緒，以及所導致的痛苦的根本中。他說我們的根本無明和所導致的煩惱，並不是心的基本性質，這些煩惱和「心的基本特性」（被定義爲「清楚與明瞭」）在根本上是分開的。心的基本性質是清淨的，而能夠認知事物與事件的能力則是心的本能。關於心的本來清淨和其認知能力，在般若波羅蜜多系列經典中特別強調，經中把「心的基本性質」說爲「具有清靜光明的特性」。

修習智慧

成功的基礎

對於一位佛教修行者而言，他的終極精神目標是涅槃，也就是已經淨化所有憂苦和愚昧狀態的心態。經由一個漸進的修行過程，這是有可能的，不過需要

-4-
亦即「真正的道」，因為這時才開始有能力斷除煩惱的種子，而不只是壓伏煩惱的現行。若依世親《俱舍論》的說法，「道諦」包含「見道」根本定當中的八個「無間道」和八個「解脫道」，以及「修道」根本定當中的八十一個「無間道」和八十一個「解脫道」。見道無間道和見道解脫道主要斷除見道所斷的煩惱（偏計煩惱），修道無間道和修道解脫道則主要斷除修道所斷的煩惱（俱生煩惱）。

時間。假如我們要擁有追求精神之旅不可或缺的重要能力，那麼從朝向涅槃或解脫之道的最初階段開始，就必須確保我們存在的形式（投生之處）和生活方式都是完全有益於佛法修行的。

在《中觀四百論》中，聖提婆提出了一個朝向覺悟之道的特定程序 ✍(1)。這表示了透過一個有系統的次第來求道是很重要的，也就是以戒除負面行爲並保持一個道德完善的生活方式作爲開始。這是爲了要確保來世能投生善趣，以便未來能持續追求精神之道。聖提婆說，道的第一個階段是要避免在行爲中出現負面和惱人的心態，以及它們的影響，因爲這可以保護我們下一世不墮入惡趣中。在第二個階段，重點在於產生看穿無我或空性本質的洞見。道的第三個階段則是完全斷除一切扭曲的見解，甚至連最微細的所知障也要加以克服。

基於對四聖諦的瞭解，可以培養對於佛、法、僧三寶本質的眞正瞭解；透過深刻瞭解四聖諦，可以眞正確認到達涅槃或眞正解脫的可能性。當我們瞭解自己的煩惱和負面心態可以去除的時候，便能確認證得眞正的涅槃的確是有可能的，不只是一般情況，而是和自己有關。身爲一個個體，我們將感受到，透過自己的瞭解，解脫是眞的可以在心中達到的。一旦得到

✍(1)
《四百論》：「首先斷除非福業，其次斷除執著我，後除諸見斷彼等，凡知此者爲智者。」（第8品，第5頌）

這種肯定，會瞭解我們也能夠克服由愚昧心態所造成的習氣形態。以這樣的方式，肯定了證得圓滿覺悟的可能性。一旦有了這樣的肯定，才能夠欣賞皈依佛、法、僧三寶的眞正價值所在。

皈依三寶的第一個表現，即我們的第一個承諾，就是過一個符合業或因果法則的生活。也就是必須過一種遵守道德戒律的生活，要避免犯下十種負面的行爲：殺生、偷盜、邪淫等身體方面的三種罪行；謊言（妄語）、挑撥離間（兩舌）、惡口、愛談八卦（綺語）等語言方面的四種罪行；以及貪求（貪取心）、惡意（惱害心）與心懷顛倒見解（邪見）等三種心理方面的罪行。第二個步驟是克服「我執」或「實有執」。這個階段主要牽涉到「三增上學」，即戒增上學、定增上學及慧增上學的修習。在第三或最後階段，不僅必須克服煩惱與負面的心態，甚至連這些愚昧心態所造成的習氣與習性也必須克服。

最後一個階段要透過瞭解空性，即實相的究竟本質的洞見，並與大悲心兩者結合才能達到。爲了達到這個目標，我們瞭解空性的智慧必須要有成就的善巧方便加以輔助，包括爲利益眾生願成佛的菩提心、大悲心與悅意慈等要素。唯有把瞭解空性的智慧輔以這些善巧方便的要素，才眞的能夠開發足以去除由愚昧

心理與情緒狀態所造成的一切習氣與習性的力量。然後這將使我們通往最終狀態的覺悟：佛地。

　　當我們對於空性的瞭解是基於完備的前行而產生時，便會成為足以去除一切障礙而達到圓滿覺悟的有力對治。在〈第九品〉一開頭，寂天提到佛陀教導的所有其他層面的佛法修習，都是為了產生智慧。因此，如果你的目標是要終結痛苦，就必須開發空性慧。

∽ 觀修 ∽

　　就像截至目前為止所討論的，在這裡觀修對於四聖諦的瞭解。特別要去省思，根本無明如何把我們禁錮在痛苦的循環中，而看清實相本質的洞見，如何能讓我們從內心根絕負面的思想與情緒。深思結合空性的洞見與悲心的善巧方便，以及利他的動機，如何連傾向於負面行為的最微細習氣也能夠斷除。

第三章 | 二諦

評注

　　首先，我想要標示出寂天這部根本典籍的主要段落，以便作爲解說〈第九品·智慧〉的基礎。依照衰悲堪布與彌亞·衰綏的注釋，區分〈第九品〉爲如下三個段落：

　　　　1.開發空性慧的必要性（第1偈）
　　　　2.詳細解釋如何開發這個智慧（第2-150偈）
　　　　3.簡要解釋如何瞭解空性（第151-67偈）

智慧的必要性

　　現在，我們可以從第一偈開始，其中寂天明確敘述修習智慧的必要性：

-1-
即《入菩薩行論》〈第1品〉
至〈第8品〉的內容。

-2-
即《入菩薩行論》〈第9品〉
的內容。

所有這些支分的教義 -1-，都是能仁爲了智慧 -2- 而宣說的。
因此希望止息痛苦的那些人，必須產生這個智慧。（第1偈）

簡言之，佛陀教法的所有層面都是想要引導每一位有情，達到圓滿覺悟的狀態，所有這些教法最終都要匯歸到這一點上。因此，所有教法無論直接或間接，都和產生智慧之道有關。這就是爲什麼寂天在這裡說這些教法的所有支分，都是爲了證得智慧。

依據大乘傳統的中觀哲學，即使只是從輪迴中證得解脫，空性的瞭解也是不可或缺的 -3-。這點在寂天的典籍中一再被提及。當我們談到從痛苦中證得解脫時，要知道我們所瞭解的痛苦並不限於感受到疼痛的痛苦（苦諦中的苦苦），這點是很重要的。我們對於痛苦的瞭解也必須包含痛苦的來源，例如令人感到痛苦的情緒與想法。

第二個段落（第2-150偈）詳細解釋如何開發對於空性的瞭解。它又有三個段落 -4-，其中第一個段落（第2-39偈）又分爲三節，每一節均涉及二諦的特定觀點。它們是：

1. 二諦的定義（第2偈）
2. 不同種類建立二諦的人（第3-4ab偈）
3. 處理有關二諦如何建立的異議（第4cd-39偈）

-3-
這點和中觀自續派（含）以下宗派的看法不同，後者認爲要解脫輪迴，只需修四聖諦即可，不需要修空性。

-4-
第一個段落（第2-39偈）。第二個段落（第40-115偈）內容見本書第六章〈大乘的可靠性〉。第三個段落（第116-150偈）內容見第十一章〈駁斥自性存在的主要正理〉。

定義

首先是二諦的定義，寂天在第二偈中說明這點。

世俗和勝義，這兩個就是所謂的「二諦」。
勝義並非理智（認知）所能觸及的範疇，因為理智（認知）是以世俗諦為基礎。（第2偈）

就像前面提過的，因為「我們認知事物的方式」和「事物實際存在的方式」之間存在著基本的差異，因此對於自身的存在和周遭世界的這兩種認知中，有一種「如幻」的特性。為了開發真正看清實相究竟本質的洞見，瞭解「二諦」，亦即實相的二重性質，就變得很重要。我們發現「二諦」這個術語也用於非佛教的文獻，例如同樣主張精神解脫這種概念的許多古代印度學派的哲學著作中。然而，寂天所談的二諦學說是指印度中觀學派，而且特別是名為「中觀應成」這個支派的著作中所描述的內容。

過去的佛教思想家們在解釋區分二諦的理由上存在著歧異。有一些主張區分的基礎是世間人的世俗經驗」-5-。另外有些人，例如布敦仁波切 -6- 則以「整體的諦」-7- 作為區分的基礎，因此他們視二諦為一般真

-5-
conventional experience of the world，這樣主張的範圍過於狹隘，因為如此一來，二諦的區分基礎將只限於「認知」的部分，而不包括認知以外的其他存在現象。另外，也不包含世俗認知以外的認知，例如現觀空性的認知。

-6-
Butön Rinpoche，即《佛教史大寶藏論》或《布敦教法史》（Bu ston chos 'byung）的作者。

-7-
這樣主張的範圍過於狹隘，因為如此一來，二諦的區分基礎將只限於「諦」（真實）的部分，而不包括諦以外的其他存在現象，例如鏡中影像、回音等虛假的現象。若依中觀應成派，鏡中影像和回音等虛假現象則屬於世俗諦的範疇。

實的兩個面向。第三類學者則以「認知的對境」為基礎，將它區分為兩個面向，亦即世俗諦與勝義諦。第三種區分方式是根據較有公信力的印度資料，例如寂天的《集學論》，其中作者明確引用了「認知的對境是作為區分二諦的基礎」這段內容。

在彌亞・衰綏的注釋中，作者敘述二諦是從兩個不同的觀點提出來的。從我們日常經驗的觀點來看，世間的實相是「世俗的」與「二元對立的」；從事物究竟存在方式的觀點來看，世間的實相是「空性」，它是「究竟的」或「非二元對立」的真實。因此，我們是基於一個相同世間的兩種不同觀點來瞭解二諦。

在《入中論》中，月稱敘述一切事物與事件具有兩種性質或面向。世俗或相對的面向是從我們的現象經驗中得知，而事物的究竟本質則從究竟的觀點來認知。因此，這裡也可以看到，二諦以兩種不同的觀點來定義：一個從我們日常經驗的觀點，另一個從真正洞悉實相究竟本質的觀點。

在這個見解中，當我們以現象經驗所認知到的實相層次來檢視事物與事件的實相本質時，例如桌子、椅子、花瓶及花等日常的對境，則和它們的世俗諦有關。而當我們無法滿足於世俗架構的有效性，進而尋求超越其局限時，則我們是在尋求一個更深刻或更真

實的本質或核心特性。然而，透過一連串的分析，我
們發現的是，事物與事件實際上是無法找到的。當我
們以這樣的方式進行分析時，是把世間、事物與事件
和它們的究竟層次，也就是它們整體的空性搭上關
係。這是它們的自性上之空性，也就是事物與事件從
它們自己方面來說，缺乏自性與實有的。就這點來
說，我們發現二諦可以很清楚地理解為「組成這個世
間的事物與事件的兩種不同觀點」。

袞悲撰寫的注釋則反映了寧瑪派的觀點，其論述
風格的其中一個特徵，可以清楚地在米龐（1846-1912）
注釋寂護《中觀莊嚴論》的注疏中看到。其中，米龐
對於中觀應成派和中觀自續派兩者之間的區分，是基
於他們對二諦的不同理解。然而，米龐說這兩個中觀
學派同樣都主張勝義諦是超越理智（認知）的範疇，
因此他不認為勝義諦是理智的對境。根據米龐的說
法，凡是理智的對境，必然是相對及世俗的對境。

實相與知識層面的瞭解

在西藏的注釋者中，關於「勝義並非理智所能觸
及的範疇」這段偈句的內容，有兩類不同的解釋：一
類採取從兩種不同的觀點 -8- 來瞭解勝義諦，並且主張

-8-
即中觀應成派和中觀自續
派二者。

真正的勝義諦超越理智，亦即凡夫認知的範疇，這是衰悲堪布的解釋。關於這個重要偈句的另一類瞭解，是來自於宗喀巴大師的著作🖝(1)。依他的看法，勝義諦不是一個二元理智的對境，二元理智所認知的對境是二元對立和世俗的。相反地，勝義諦是一個二元戲論與分別完全消失的現量（瑜伽現量）覺知或現量經驗的一個對境。因此，根據宗喀巴的看法，他也是基於兩種不同的觀點來為二諦下定義。

　　根據宗喀巴的理解，我們可以把〈第九品〉的第二首詩偈解讀為對於二諦定義的描述。這裡提及的究竟實相不是理智（二元理智）所及的範疇，說明了勝義諦的定義。因此，我們現在把寂天對於勝義諦所下的定義解讀為：「究竟實相的面貌（勝義諦），是二元對立與戲論分別完全消失的直接認知（瑜伽現量）的一個對境。」相反地，處於二元認知這個範疇中的實相層次，則是相對及世俗的。我們可以用這個方式來理解寂天定義二諦的這段內容。

　　米龐在他對於寂護的《中觀莊嚴論》所撰的注疏中，注釋「勝義並非理智所能觸及的範疇」這首偈句時，他說：「雖然『僅僅否定現象的自性存在』是理智的對境，但是理智依然無法觸及『表象與實相兩者結合的空性』。」值得注意的是，當我們在《入菩薩行

🖝(1)
關於宗喀巴解讀這個重要段落的清楚說明，見於《宗喀巴文集》第14冊《智慧品的注釋》。

論》的脈絡底下談論到空性時，是在經典（顯教）的範疇中來瞭解的。然而，當我們在密續的脈絡中談論空性時，理智或認知則有不同的意義。在瞭解空性的智慧方面，以及透過解脫二元戲論的不同層次擴充，密續談到許多層次及細微之處。

辨認二諦包含所有事物與事件的範疇，亦即完整的實相光譜是毫無遺漏的這點，也是很重要的。換句話說，沒有第三種可能。沒有任何事物存在於不是二諦的實相範疇中。

瞭解二諦的順序

至於二諦建立的順序，讓我們用「花」這個日常生活的對境作為例子。首先，花這個對境將呈現於心中，然後在這個顯現的基礎上，能夠檢視它真正的本質。寂天的《集學論》隨處可見從經典中引用的內容，在這些經典中，佛陀詳細談論存在於自然中的因果法則，亦即特定的因與緣如何導致特定的結果與情況。在這些經文中，首先大量處理世俗層次的實相（世俗諦）。透過檢視特定的因緣如何產生特定的事件，能夠更熟悉這個多元化的世間，反過來對於我們的經驗有一個直接的影響。唯有瞭解事物在世俗實相

的現象世界中如何運作的這種穩固基礎，分析實相的
究竟本質（勝義諦）的畫面才能在我們心中呈現出
來。一旦在瞭解世間世俗諦方面培養了自信，我們便
可以在這個成果上進入勝義諦的探究，然後，將可以
完全瞭解存在於「我們對於世界的認知」與「事物實
際存在的方式」兩者之間的差異。

　　為了完全體會「我們的認知」和「實相」兩者之
間差異的程度，要成功地挑戰我們通常投射在事物與
事件上的固有實體的概念是很重要的。事物與事件由
它們自己成立，而且具有某種固有的特性與存在，這
是我們的信念與經驗。透過否定這個信念的過程，可
以對勝義諦或空性獲致更深刻的瞭解。

同與異

　　接著，還有二諦究竟是相異或是相同的問題。關
於這個問題，也有各種不同的觀點。例如，布敦主張
就二諦的體性而言是不同的；然而，宗喀巴引用龍樹
的《釋菩提心論》作為他的依據，說明二諦在世俗層
面雖有不同的性質，但體性卻是相同的。就像在佛教
哲學中，「無常」和「所作性」之間的區分一樣，二諦
之間的差異是相同體性上的兩種不同觀點 -9- 。這兩個

-9-
即藏文本《釋菩提心論》
第68偈。二諦的體性雖
然是一，但是卻可以透過
分別心加以區分。

諦都和同一個世間有關，亦即在採取兩種不同觀點的基礎上，我們可以分辨二諦的本質與特性。

　　二諦的特性和共享同一個體性這點，在《心經》中也有提及。眾所周知的段落寫著：「色即是空，空即是色；色不異空，空不異色。」經中繼續說明所有事物與事件都具有空性這個特質。當我們談到色法和其他現象的空性時，不應有「空性是被投射到對境上的某種外在性質」這種概念，而必須瞭解空性是它們緣起性質的一個功能。

　　當我們仔細分析時，會發現例如色法的物質及其本質這兩者，有賴於色法的因緣等其他因素才能產生。除了構成它存在的互相關聯的因素之外，不能說任何已知現象有一個自主、獨立的自性或存在。這並不是說色法完全不存在，因為很顯然地，我們可以經驗它、認知它，並且與它互動。在日常生活經驗的多樣層次上，色法是有的，但這個色法並不以自性或以自己隔絕、獨立的實相存在。唯有透過和其他因素，例如因、緣與各種成分之間的關聯性才能存在。這意味了色法是完全缺乏獨立的狀態。既然缺乏獨立的自性，必然要依賴其他因素。它會改變，因此透過和其他因素的互動，呈現出不同的特性。色法沒有任何獨

立自性，即自性空的這個特性，就是它的勝義諦。這
就是為什麼佛陀要在《心經》中說「色即是空，空即
是色」的理由。

兩種無我

　　當談到勝義諦時，有兩個主要的分類：「人無我
或無自性」與「法無我或無自性」。月稱在《入中論》
中說，「人無我」和「法無我」並非基於兩種完全不
同種類的無我而作的區分，而是基於世間中存在的兩
種主要範疇，即主體（人）與客體（法）而作的區
分。因此，「法」在這裡指的是世間、事物與事件，
而「人」則指有情。基於實相的這種分類，我們發現
經典提出對應這兩種形式的勝義諦。

　　以上是中觀應成派的立場。其他學派的思想，例
如中觀自續派和其他佛教哲學學派則主張「人無我」
和「法無我」之間存在重大的差異。在中觀應成派
中，雖然認同在瞭解人無我方面有不同的細微程度，
但在究竟分析中，人無我與法無我兩者的細微程度是
相同的。我們也發現勝義諦分為四種、十六種與二十
種空性的情況，這些不同的分類法提供了各種談論空
性的方式。例如，空性或許可以分為「內空」、「外

空」、「內外空」等，而經常以「空空」（空性的空性）作為結束。認出「空空」為一個特別的範疇，是因為空性被視為勝義諦，因此會有執著空性為絕對（實有）事物的危險。所以，佛陀說即使空性本身也是自性成立空（自性空）。

正世俗與倒世俗

「世俗諦」或「相對的真理」，可以區分為「正世俗」和「倒世俗」。但是根據中觀應成派，即使在世俗層次也否定「自方成立」或「自性成立」，因此只能從某種觀點 -10- 把世俗區分為正、倒。實際上，在世俗世間中，沒有真正的區分。但使用這樣一種觀點，我們可以談論不真實的認知和真實的認知，同時可以描繪某種形式的現象經驗其特性為真、而其他為假 -11- 。

詞源學

現在，讓我們來看二諦的詞源學，「世俗諦」這個語詞包含了由世俗客體或認知者所確認的某種層次的真理，而這客體和認知者對於事物的真實存在具有錯誤的理念。因為這點，中觀應成派就真理的真正意思上來說，不接受在世俗諦脈絡中的真理。因此，此

-10-
即從世間凡夫觀點。即月稱《入中論》VI.24。

-11-
從中觀應成派的角度來看，世俗諦事實上無法區分正、倒，因為只要是世俗諦，都是倒，因為世俗諦的顯現方式和存在方式二者不一致。但是從世間凡夫觀點，世俗諦則可以區分正、倒，前者例如人、桌、椅等，而後者則如鏡像、水中月等。

處的「眞理」並不是指和事物眞正存在的方式有某種聯繫的眞理，而是指某種受限、相對框架中的眞理。在這個世俗框架中的「眞理」，指的是由一個特定觀點所建構的眞理，這個觀點就是對於這個世間的認知，或更確切地說，是我們對於世間的誤解，亦即認爲所有現象彷彿具有某種固有的實體般。這種被矇蔽的認知會把人、事物與事件認爲自性與眞實存在。從這個觀點來說，這些事物在我們的世俗經驗中被視爲是有效的、可靠的、如實的，並且享有某種隔離的、獨立的，以及客觀的存在。世俗諦也可以稱爲「被覆蓋的眞理」或「被障蔽的眞理」。

這個詞源學的解釋對於我們被蒙蔽的心態來說，似乎可以提供某種程度的有效性。但是，它仍然只是一個詞源學的解釋而已。實際上，對於這個被蒙蔽的認知而言似乎是眞實的事物，甚至未必會構成世俗諦。例如，從這個被蒙蔽的觀點來說，即使是空性（勝義諦）也被認爲是有實際性的，但這並不意味空性可以被視爲一個世俗或相對的眞理（世俗諦）。因此，一個把現象視爲眞實的被蒙蔽的觀點，不能被視爲是有效的觀點。因此，我們必須找出一個能夠建立世間有效性的觀點。建立世俗諦的實相的這個觀點，不能從錯誤的認知或扭曲的心態而來。

現在來談談「勝義諦」這個脈絡中「諦」的意義。在《明句論》中，月稱敘述「勝義」這個術語，指的是「空性這個客體」與「關於空性的現量經驗」兩者。因此，從這個觀點來說，在「勝義諦」這個脈絡中的「勝義」（究竟），兼指「主觀經驗」和「空性這個對境」。進一步來說，當我們談到勝義諦時，空性既是「勝義」，也是「諦」。例如，月稱說空性是「意義」或「眞理」，而且它也是「勝義」。因此，這裡我們看見了「勝義」與「諦」這兩個術語的組合。

若不瞭解世俗與勝義二諦的本質，很難完全瞭解「顯現」（表象）與「實相」之間的差異，亦即在「我們的認知」與「事物實際存在方式」之間所經驗到的差異。缺乏對於這個事實的深刻瞭解，我們將無法理解根本無明的本質。

空性與悲心

當然，對於煩惱而言，有各種特定的對治方法，例如，觀修慈心來對治瞋恨、觀修身體的不淨來對治貪欲等，這種種技巧能夠降低不同形式、帶有煩惱的動機與想法。然而，就像法稱在他的《釋量論》中說

的，上述這些方法只能夠處理「這些煩惱現行」-12-。
也就是說，它們只能間接影響我們的煩惱，以及潛藏
在煩惱底下的根本無明。上述的對治方法沒有能力作
為根本誤解的直接對治力量。唯有透過產生眞正看穿
實相究竟本質的洞見，才能夠理解迷惑的根本，也就
是我們被蒙蔽的認知方式，以及所產生的痛苦。若不
開發對於二諦的完全瞭解，我們對於實相的眞正本質
將無法得到深刻的洞悉。透過開發對於二諦的深刻瞭
解，將可以辨認出我們對於世間的認知，以及我們的
認知和情緒狀態中存在的各種差異。以這個洞見作為
基礎，可以提升悲心、慈心、安忍等正面心態的能力
與力量，同時減少發怒、瞋恨、忌妒及強烈貪著等負
面與煩惱狀態的力量。因為所有這些迷惑與煩惱狀
態，都根植於我們認為這個世間是自性存在的這個信
念，透過產生眞正看清空性的洞見，將能夠斬斷所有
迷惑狀態的根本，將能完全開發並提升存在於心中的
正面潛能，並減少、甚至最終消除負面與煩惱的情緒
與想法。這是我們開發出深刻瞭解二諦的主要利益之
一。

　　袞悲堪布在他的注釋中引用龍樹的典籍來說明，在
一個人的心中瞭解空性與生起大悲心是同時的 ✍(2)。他

-12-
意思是說上述這些方法
只能治標（煩惱現行）
而無法治本（煩惱種
子）。只有現觀空性才
能治本。

✍(2)
這裡很可能是指龍樹的
《釋菩提心論》
（*Bodhichittavivarana*）
第5品、第73偈：「因
此，當一位修行者在他心
中開發這個空性時，那關
心他人福祉的利他想法無
疑地將會增長。」

的解釋是，當我們對於空性的瞭解加深，對於其他有情的悲心也會增加。然而，我們很難看出「空性的瞭解」與「對於一切有情產生一視同仁的悲心」之間必然的關聯。雖然如此，但是「我們對於空性的瞭解愈深刻，就會更確認痛苦結束的可能性」，這點的確似乎是真的。而且當我們加深對於「每一位有情都有解脫痛苦這種潛能」的信念時，對於其他有情的悲心當然也會增加。因為那時候我們知道有一個解決之道，而我們對於因為不曉得解脫方法而被束縛於輪迴中的有情，悲心將自然增加。因此，當我們加深空性的瞭解，對於其他有情的悲心程度也會有對應及明確的增長。

因此，身為一位個別的禪修者，假如你有一個感覺：你對空性的瞭解雖然加深了，但是在對其他有情的悲心方面並沒有對應的增長，那麼這大概暗示了你對空性的瞭解並非真的深刻或名副其實。像我經常說的，光是觀修空性並非值得誇耀的事。在日常生活中，能夠以一個結合道德及悲憫心的方式和別人互動，這點也很重要。因此，假如你對空性的瞭解，對於朝向這個目標來說完全沒有任何正面的貢獻，這樣的空性完全沒有任何價值。無法導致更大悲心的空性瞭解，有什麼值得尊崇的？

　　我們不應該有一個觀念，認為佛果位是對其他有
情完全漠不關心、缺乏感受、情感和同理心的一種狀
態。假如是這種情況的話，那麼成佛的狀態完全沒有
什麼好讚揚的。觀修空性不是某種逃避現實、拒絕去
處理世俗和相對世間的多樣化與複雜性，它的目標是
為了要以正確及有意義的方式和現象世界相聯繫。

　　以上是就二諦的本質及所扮演的角色所作的簡短
總結。

兩種人

　　根本典籍接著討論不同類型的人，有關他們對宗
義的瞭解與佛教的修行，例如二諦的觀點。根本偈寫
著：

有兩類人必須分辨：觀修者和一般人；
觀修者的見解取代平凡人的一般見解。（第3偈）

而在觀修者的等級當中，洞察力的程度高者駁斥
低者。（第4ab偈）

　　說明瞭解二諦的重要性之後，寂天的根本典籍繼
續解釋，有兩種主要類型的人和二諦有關，也就是觀

修者與一般人。「一般人」在西藏語中讀作「幾登巴」，「觀修者」在藏語的語境中是「嫩糾巴」（瑜伽士），後者指的是具有高層次視野的人。「幾」指的是短暫的或容易壞滅的某種事物，「登」指的是一個基礎或根本，因此，「幾登」這個術語暗示缺乏恆常，「幾登巴」則指一個人或短暫的生物。「幾」是崩潰、瓦解的概念，否定了恆常或永恆的可能性。透過反思這個意義，我們可以瞭解沒有「絕對、永恆、單一的我」。

「一般人」在這裡也包含了那些「在實相究竟本質的問題上，遵循某種形式實在論觀點」的哲學宗義者，包括所有非佛教古印度學派的追隨者，以及佛教學派中某些宗義體系的追隨者。例如，「毘婆沙宗」相信原子論的世界，亦即由無法細分的原子所構成的客觀、獨立的世界。因此，在他們的宗義中，對於事物與事件的實在性抱有一種信仰。這個學派的見解被「經部宗」所否定。經部宗主張實相的某些層面，例如抽象總合的心理構思，其實相只能夠從思考與概念化的觀點來建立 -13-。因此，他們認為我們對於事物與事件無法給予絕對的客觀狀態。這個學派的宗義又被其他佛教學派提出質疑等，這就是寂天所謂「一個觀點被另一個觀點所駁斥或證明無效」的意思。甚至在觀

-13-
經部宗區分二諦的方法為（1）無分別且不錯亂的認知當中的顯現境，就是「勝義諦」（無常的現象）；（2）分別的認知當中的顯現境，就是「世俗諦」（常的現象）。此處的抽象總合的心理構思，就是（3）分別的認知當中的顯現境，是把對境以外的現象排除之後的一種顯現，這種顯現帶有認知的主觀色彩在內，並不能如實反映客觀的對境。

修中，由於他們精神經驗的層次不同，較高層次的觀修觀點，將會取代較低層次的證悟觀點。

現在，讓我們仔細看看寂天「一般人的觀點會被觀修者的觀點取代或證明無效」的這個敘述。我相信一個觀點取代另一個觀點並證明其無效的方式，必須以論理開展的層面來瞭解。當然，在佛教學派之間的對話中，可能有些場合會引用到佛教經典作為教證。然而，我們必須基於論理上的論證，而且由於觀修者更進階的論理，因此會取代並證明一般人的觀修觀點為無效。例如，遵循經部宗及毘婆沙宗這些佛教學派所承認的某些宗義的追隨者，或許會引用一些經典來為他們的許多立場賦予權威。然而，如果經典的權威性是我們能夠宣告自己立場的唯一根據的話，將會造成許多矛盾。

一般而言，在佛教，特別是在大乘佛教中，即使在佛陀自己的話語中，分辨經典的兩種範疇也變得很重要。一方面，有的經典可以如字面的意義，也就是逐字地或不須要加以引申而為我們所接受 -14-；有些則無法照字面上來接受，必須進一步加以解釋 -15-。一旦你接受了這個詮釋學上的區分，那麼你將處於拒絕經典字面真理的立場，特別是當它和你的有效經驗牴觸時，即使是佛陀親口所說的話。這裡要指出的是，在

-14-
即「了義經典」。

-15-
即「不了義經典」。

佛教的精神道路中，論理和瞭解是非常重要的。佛陀在一部經典中說過，人們不應該僅僅出自於尊敬他而接受他的話語，而是必須透過批判性的瞭解及個人經驗來考察，就像一位經驗豐富的冶金匠，會透過切割、燒烤、磨擦等嚴格的過程來測試黃金的品質一樣。

寂天的「即使較低階的證悟見解也會被較高者所取代或證明無效」這段敘述，可以被理解為基於個人經驗的事實。當我們檢視自己目前對於像「無常」、「事物與事件的無我性」等佛教主題的瞭解，並和過去的瞭解作比較時，會發現隨著理解力與經驗的增長，這種瞭解變得更加深刻。由於這點，可以說目前的瞭解取代了過去所擁有的瞭解。因此，當我們獲得新的觀點時，新的視野會在世間的經驗與瞭解中浮現。

～ 觀修 ～

這裡觀修苦諦及其來源（集諦）。苦的根本是業，而業由迷惑的狀態，例如煩惱等所發動並驅使。觀察煩惱這個動機什麼時候在心中產生？感覺起來像什麼？「klesha」的詞源學的意思是「煩惱」，意味著當它在我們心中產生時，自然會造成不安。因此，讓我

們做個簡短的觀修，也就是檢視：當這些令人煩惱的
情緒及思想，例如發怒、瞋恨、忌妒等，在內心產生
時，我們感覺如何？以及這些情緒經驗擾亂我們的程
度？專注在這些情緒與思想的破壞層面上。

第四章 批判佛教的實在論者

修習智慧

深思無常

佛陀在經典中說過：「三界無常，就像天空中的閃電或海市蜃樓一般。」存在於三界的所有現象、事物與事件，不過是依賴因、緣而生，因此，所有事物均是短暫、易滅、無常的。尤其是有情的生命，就像湍急的河流，強而有力地流動著，一刻也無法停息。一切有情的生命長短沒有一定，他們都容易毀滅且短暫。這些段落指出了四聖諦的十六個特質 -1- 的其中一個，前四個即是苦諦的四個特質，這四個特質中的第一個就是「無常」。

正如我先前提過的，在精神之道發展之初有兩個階段。第一個階段是約束自己免於負面的行為，因為負面的行為是內心蒙蔽狀態的指標。作為一個對治這些負面行為的最初勢力，我們應該深思「粗顯無常」。要對抗潛藏在負面行為底下的內心蒙蔽狀態及錯誤認知，觀修「細微無常」則是主要的對治，而且需要去深刻思維持續改變、動態的實相本質。以這種方式，可以對治存留在內心中的錯誤認知、煩惱情緒，以及被蒙蔽的想法。

-1-
即所謂的「四諦十六行相」。亦即「苦聖諦」的「非常」、「苦」、「空」和「非我」等四種行相（特質）；「集聖諦」的「因」、「集」、「生」和「緣」等四種行相；「滅聖諦」的「滅」、「靜」、「妙」和「離」等四種行相；「道聖諦」的「道」、「如」、「行」和「出」等四種行相。

　　很顯然地，出生的盡頭是死亡，而死亡是沒有任
何人想要的一種現象。然而，採取否定或僅僅避免想
到死亡的態度，並不是一個恰當的解決方法。不論喜
歡與否，死亡是存在的一個事實，我們沒有任何立場
去否認這個事實。我們無法排除死亡的必然性，這是
遲早都必須經歷的現象。比較「否認死亡並且完全不
去考慮死亡的人們」和「培養不斷熟悉直接面對死亡
過程的人們」，會發現，當死亡真正降臨時，面對死亡
的反應，這兩類人是截然不同的。因此，當我們思考
佛陀強調的死亡和無常時，不要有一個觀念，就是佛
教是一種悲觀的精神之道，包含了對死亡的病態執
著。相反地，佛教鼓勵我們去熟悉死亡，並接受它是
存在的一個自然事實，因此當我們真正面對死亡的那
一刻，它不會以令人震驚的方式到來，像某種無法預
期的事物，讓人感到不自然、完全不知所措。如果我
們健在時便去面對死亡，將能夠保持自己的平衡，並
且在接近生命盡頭時保持某種程度的平靜。以這種方
式，將可以保護自己免於和死亡有關的其他不必要的
焦慮。漸漸地，透過這種精神進展，如果我們夠幸運
的話，將實際可戰勝並超越對死亡的焦慮。

對抗我們持續的不滿足

我們發現經典中提到宰制有情的四種「魔羅」或「障礙的力量」，其中第一個就是「死魔」，而產生死亡的基礎則是我們的身、心二蘊 -2-，構成第二個魔羅（蘊魔）。心蘊的相續會從一世進入另一世，整個輪迴的因則是各種煩惱的情緒與思想，這些構成了第三個魔羅（煩惱魔）。增強這些煩惱勢力的關鍵因素是貪著，即第四個魔羅（天子魔）。在佛教中，對於一位精神修煉者而言，開發一個真正想戰勝四種魔羅的希求是必要的。一旦你開發真正想要克服它們的欲望，自然會嚮往通往勝利之道。

本質上，對於一位修行者而言，所牽涉到的是對抗煩惱的情緒與想法，會產生以上煩惱的根本原因為「根本無明」，也就是執著事物和事件為自性真實的想法。為了成功達成這個任務，重要的是修行者投入結合「三增上學」，即戒（道德戒律）、定（專注）、慧（智慧）的精神之道。

因此，修習的第一個階段，是保持一種合乎道德戒律的生活方式，並以深思無常為主。除非我們「執無常現象為常」的心態減輕，否則將無法成功維持一種合乎道德戒律的生活方式。因此，重點是反省存在

-2-
即「五蘊」（色蘊、受蘊、想蘊、行蘊、識蘊）。其中的色蘊就是身蘊，而後四蘊就是心蘊。

的本質是短暫的。我們不只是從死亡（粗顯無常）來
談論無常，更確切地說，我們指的是細微無常，是一
切現象每瞬間持續改變的本質，這點揭露了事物和事
件並沒有自我支配的自主能力。一切現象皆被因、緣
所支配，這對於我們的身、心二蘊來說特別是如此，
因為它們被業和煩惱所支配。

　　因此，在我們被條件限制的生命中，根本錯誤認
知或無明是支配我們的肇因。只要我們依然被這個扭
曲的心態所宰制，便持續被輪迴所束縛，我們的生命
將會伴隨不滿足與痛苦，因此這個根本的錯誤認知是
所有煩惱情緒和想法的君王。一旦認清這個事實，將
會瞭解，只要依然被這個強而有力的統治者所支配，
那麼持久的平和與寧靜在心中將沒有立足的空間，因
此要從內心深處，開發一個真正尋求解脫並脫離無明
束縛的欲望。

　　雖然我們有一個與生俱來尋求幸福並克服痛苦的
欲望，卻發現自己處在帶有痛苦的存在狀態中，幸福
只是曇花一現而已。為什麼會處在這樣的一種狀態
呢？主要是由於我們的根本無明。因此，必須去辨認
這個錯誤認知是痛苦的根本原因。要透過什麼過程才
可以去除這個無明？當然，不是僅僅希望它離開，也
不是光祈禱這個情況發生，更不是透過把心保持在一

種無分別或中性的狀態。唯有開發出洞見，看穿由扭曲心態所虛構的假象，我們才能恰如其分地去除那個無明。因此，在教導無常之後，佛陀教導痛苦的本質或不滿足的狀態，接著則是他關於無我的教法。

現在，我們有苦諦的四個特質如下：第一個是「無常」，瞭解這項能夠讓我們對第二個特質「不滿足的狀態」（苦）有更深入的認識，第三個特質是「空性」，第四個是人、事物與事件的「無我」或「無自性」。瞭解苦諦這四個特質有一個特定的順序，我們很自然地會從第一個開始瞭解。

開發空性的洞見，我們有力量可以對抗根本無明，而這個洞見必須以善巧方便，例如以悲心與菩提心作為輔助。結合智慧和方便這兩個要素，我們不僅能夠完全去除被蒙蔽的心理狀態（煩惱障），甚至也可以去除由這些煩惱所形成、出於本能的習性（所知障）。這樣的智慧或洞見的對境是空性，而空性正是寂天〈第九品〉的主題。

評注

駁斥顯現

寂天已經說明，層次較低的佛教學派，會被層次較高的學派，透過論理證明為無效，例如中觀派。然而，為了要讓這樣的論證成功，必定要有普遍公認的比喻和例子。

因為所有學派都使用這些相同的比喻，因此在未加分析的情況下，他們均接受這個目標（結果）-3-。（第4cd偈）

-3-
此處的「目標」是指解脫與成佛。

所以，在第四首詩偈中，當寂天談到使用共同的比喻及例子時，他暗示了即使在日常約定中，某些現象也被視為不真實或虛假。例如夢境和海市蜃樓這些現象，當我們去尋找它們的實體時，是找不到的。此處，中觀宗使用即使在傳統術語中也被視為虛假的例子，來吸引我們注意所有現象的無實本質。這點吸引我們注意到一個事實，就是所有的事物與事件，當我們去尋找它們的本質時，最終是無法找到的。

雖然在最初階段是透過推論來瞭解空性，也就是使用論理、論證等理智的過程，但是最終必須在直接經驗的層面上獲得瞭解。因此，在經典中，經常把推論的知識比喻為只能靠枴杖協助而行走的盲人。推論的認知不是一個直接經驗，而是近於一種基於論理與批判性反思的經驗。然而，在最初階段，要透過推論，我們才能開始瞭解「空性」，也就是「實相的究竟本質」。當代科學，例如粒子物理學已經開始瞭解實相本質，在這個過程中，客觀真實的固有概念逐漸站不住腳。這些科學上的洞見是獨立於佛教之外的。因此，透過遵循他們的科學前提所獲致的結論，這個領域的科學家們似乎正到達一個立場：就是他們不得不接受事物與事件是無實有的這種概念。寂天在他的典籍中敘述，有許多根據、理由和論證可以顯示事物與事件的無實性。相反地，沒有任何單一前提可以證實事物與事件具有客觀、自性、自主存在的這個信念。

第四首詩偈也間接提到，實在論者 -4- 反對中觀主張諸事物與事件缺乏獨立、自性存在的論點。實在論者的反對是基於：假如情況是這樣（亦即一切事物與事件均是無實有），那麼我們怎能主張一個人透過精神修習，可以達到解脫這個目標？經部宗在這裡提出一個問題點：依照中觀的空性教義，即使因果性質也會

-4-
或稱為「唯實論者」。在佛教內部中，即毘婆沙宗、經部宗和唯識宗三者。

被否定。

　　中觀宗透過說明「空性的教義並不會否定因果性質」來回應這一點。從勝義諦的觀點，才會否定因果原則的有效性。在世俗的層次中，中觀宗認爲他們保持了因果規律的有效性。因爲中觀宗認爲，在世俗的架構中，不需要分析事物的究竟本質，或者不需要尋求語言及觀念背後眞正所指涉的對象，因此我們可以很單純地把這些事物視爲是日常世俗世界的有效部分。在相對或世俗諦的架構中，他們也承認「透過修習而達到解脫與成佛狀態這個目標」的可能性。因此，中觀宗堅持他們的體系不會否定因果性質。寂天繼續說：

一般人在理解現象時，會把它們視為眞實不虛。這就是諍論的所在，關於這點，一般人和觀修者是不同的。（第5偈）

　　在這首詩偈中，寂天首先透過實在論者所說的：「假如你接受這個由有效因果定律所構成的世俗世界的有效性，那麼我稱這個有效性爲眞實，並且斷定因果具有自性存在。因此，我們之間還有什麼好諍論的？事實上，這個諍論或許純粹只是語意學上的諍論而

已。」來說明實在論者對中觀宗的答辯所作的回應。對此，中觀宗回應：「並非如此。實在論者不僅承認世俗層面的因果有效性，還相信這些事物與事件的客觀、自性的眞實，因爲你們相信事物與事件具有某種客觀、由它們自己方面存在的獨立狀態。」中觀宗繼續說：「雖然我們承認，對於我們被蒙蔽的心來說，事物與事件顯現爲彷彿它們具有自主、自性的眞實，而且獨立存在於我們的認知之外，但我們認爲這只是一個假象。我們不認爲那個顯現具有任何有效性。我們認爲『事物存在的方式』（實相）和『我們認知它們的方式』（表象）兩者之間存在一個落差，這就是爲什麼我們之間有諍論。我們不認爲這只是語意上的不一致而已。」

　　下一首詩偈開始如下：

我們所直接感受到的形色等，雖然一般人公認它們是存在的，但是邏輯 -5- 卻可以駁斥它們以自性的方式存在。（第6ab偈）

　　實在論者和中觀宗之間的共通處，在於兩者都一致承認形色、事物與事件的存在。但是，諍論之處在於：形色等是否如它們所呈現般存在。實在論者主張

形色等不僅的確存在，而且如同它們顯現在我們面前般存在。他們主張我們認知到的事物和事件是有效的，認為就其本身而言，這些事物與事件必定具有客觀、固有的實體。

　　關於這一點，中觀宗說，雖然形色等事物和事件的確可以被我們的感官（前五根識）所認識，但並不保證這些認知在各方面都是有效的。雖然感官認知在認識對境方面是有效的，但是在認識對境具有客觀、獨立、自性存在這方面，卻是被蒙蔽的。

　　因此，依據中觀宗的主張，我們可以談論認知的兩個層面。從一方面來說，它是有效的；從另一方面來說，它是被欺騙或蒙蔽的。依這個理解，可以把這兩個層面歸屬於同一個認知。這是因為我們經驗對境的有效、直接的經驗，並不意味著我們所經驗的事物與事件具有客觀、自性的存在。事實上，這就是清辨和月稱的辯論中，非常核心的諍論所在，這也導致中觀宗內部發展成中觀自續派和中觀應成派兩個不同的學派。清辨和月稱的辯論焦點，在於實在論者和中觀宗之間是否有任何共同成立的對境，亦即對境是否以固有的方式存在，以及是否有自性的這個問題上。

詩偈繼續說：

它們（自性存在）是虛假、會欺騙人的，就像一般人把汙穢不淨的物質視為清淨一樣。（第6cd偈）

實在論者回應：「假如事物沒有固有實體或自性，假如事物和事件不具有客觀、自性存在，為什麼我們都可以認識它？」他們認為事物是真實的這一點，似乎是公認的看法，至少在我們的認知範圍內是如此。中觀宗回答，公認的看法並不保證該事物就是真實的。例如，一般人似乎有一個共通的想法，認為身體是清淨的，但實際上是汙穢不淨的，因為它由各種不淨的成分所組成。對於來自實在論者的反對，中觀宗以這種方式為自己否定自性存在作辯護。他們辯護的關鍵要素在於：「相信固有存在這一點，甚至會和我們日常的有效經驗相牴觸。」

接著，在第七首詩偈中，中觀宗根據佛經的內容，針對反對意見來為他們的空性哲學作答辯。

佛陀或許會教導世人而說「諸事物」，但是這些事物即使在真實當中也缺乏剎那的性質。（第7abc偈）

　　實在論者以：「佛陀在初轉法輪中提到諸事物與事件不僅存在，而且還具有像剎那、無常及不滿足（苦）等明確的特性。」來反對中觀的見解。他們（實在論者）聲稱：「假如形色等不以自性成立，我們如何能主張它們具有這些特性？」

　　中觀宗透過說明：「佛陀給予這樣的教說，亦即談論四聖諦，尤其是以像無常等四個特質來談論苦諦，主要的想法（密意）純粹是爲了幫助有情克服他們執著無常現象爲常的想法，以及他們對於三有輪迴的貪著。」而予以回應。這些教法的最終目標是在引導每位有情完全瞭解空性。初轉法輪的這些教法是引導有情瞭解空性這條道路的善巧方便，因此，這些教法並不違背空性的教義。

　　其次，實在論者對於中觀宗否定自性成立這一點，提出更進一步的異議。實在論者諍論，假如一切事物不存在於究竟的層次，也將不會存在於相對的層次。於是這個辯論以中觀宗的回應而持續進行。

如果你（實在論者）說：「主張『剎那變化等特性是世俗』，這是有問題的！ -6- 」（第7d偈）

-6-
這句的英文和藏文有出入，若根據藏文是「假設你（實在論者）說：『剎那變化等特性即使在世俗當中也站不住腳，不是嗎？』」（第7d偈）（kun rdzob tu yang 'gal zhe na/ /）

〔中觀宗說，〕我們知道這是沒有任何過失的，因為剎那性對於觀修者而言是相對的（屬於世俗的層面），但是對於世間人來說則是究竟的。（第8ab偈）

如果不是這樣，一般人的看法將可以反駁觀修者確信身體是不淨的這種洞見。（第8cd偈）

　　這個回應的重點是，雖然事物與事件實際上是剎那與短暫的，但是世間見解傾向於認為它們是持久或恆常的。然而，這不足以使「事物與事件是短暫且容易毀滅的」這個事實無效。因此，對於中觀宗在保持事物與事件在相對（世俗）層次上是無常的這個立場而言，並沒有前後矛盾之處，然而在究竟的意義上，它們並不具有這個特性。

　　如果任何事物和我們的常識相牴觸，就被說為無效的話，那麼看穿由血、骨、肉等所組成的身體為不淨的觀修洞見，也將變得無效。因為在我們的日常認知中，經常會覺得自己被漂亮的身體所吸引，而視為令人嚮往、完美，而且就某種意義來說是純淨的潛在執著。

功德與受生

　　其次，實在論者指控，從中觀的觀點，會變得不可能累積資糧了。

〔實在論者説，〕佛陀不過是虛幻的，如何產生功德？
〔中觀宗説，〕就像〔你們實在論者認為〕佛陀是真實存在一般。（第9ab偈）

　　此處，實在論者諍論，依照中觀宗的看法，即使諸佛也是如幻，不是究竟真實。如果是這樣，他們諍論，我們怎能尊敬諸佛等皈依境而累積功德？對於這一點，中觀宗回應，就像實在論者相信尊敬一位自性實有的佛陀可以累積自性實有的功德一樣，同樣地，在我們的體系中，尊敬一位如幻的佛陀可以累積如幻的功德。這並無矛盾之處，因此我們駁斥自性存在，並沒有否定累積功德的可能性。
　　實在論者提出其他反對意見：

你（實在論者）説：「但是，假如有情同樣也是如幻的，當他們死亡的時候，如何能再受生？」（第9cd偈）

　　實在論者諍論，如果依據否定實有並僅以名義上的術語來安立存在的中觀空性哲學，那麼再生的觀念會變得站不住腳，因為一切有情也將會是如幻。一個如幻的有情，死後如何能再受生？

　　關於這一點，中觀宗回應，它不僅可能，甚至你的比喻實際上也可以支持這一點。

〔中觀宗說，〕只要所有條件具備，幻相同樣也將會持續顯現。為什麼僅僅因為有情延續的時間比幻相久，諸有情就要被視為比幻相更實在？（第10偈）

　　即使幻相的形成，也是依賴因和緣。一旦因和緣聚集，幻相這個結果就會產生。假如因和緣沒有聚集在一起，即使像幻相這樣的東西也將不會產生。同樣地，只要心續中存在著和再次受生有關的因和緣，自然將會導致死後的投生。因此，「一方面支持再次受生的理論」和「另一方面主張空性的教義」兩者之間並沒有互不相容之處。

善與惡

在第11和12首詩偈中，實在論者提出如下問題：「假如每一件事物均缺乏自性存在，那麼辨別善與惡的基礎何在？」

〔中觀宗說，〕假如我以這樣的方式僅僅殺死或傷害一個海市蜃樓，因為沒有心，因此沒有罪發生。但是有情具有猶如海市蜃樓的心，所以罪惡與功德將以結果的形式產生。（第11偈）

〔中觀宗說，〕咒語和魔法的確不能夠把心加在海市蜃樓上，因此沒有心產生。但是幻化源自於各種原因，所以，海市蜃樓同樣有各式各樣的種類。（第12偈）

從來沒有單一原因能夠產生一切事物的這種情況。（第13a偈）

假如一切有情就像海市蜃樓或幻相，如此一來，殺害有情將不會累積任何負面的業。因此，就像殺死魔術變化出來的幻相一樣，我們並不會累積負面的業，依照你中觀宗的看法，殺死有情也不會有任何負

面的業，因為他們是如幻的。

　　寂天回應這個質疑，這兩種情況之間有一個重大的差異。咒語和魔法所產生的事物沒有心識，它們沒有能力去感受苦樂，它們只是幻相。因此，很自然地，殺死一個由魔術產生的人並不會產生負面的業。但是，在如幻有情的情況下，就他們不具真實存在這方面來說，雖然他們不真實，但仍具有感受苦樂的能力，因為他們是有情。因此，殺害一個如幻的有情，肯定會產生如幻的負面業力。這兩種情況在本質上截然不同。

輪迴與涅槃

　　其次，中觀宗回答這個質疑：依照空性的哲學，無法區分輪迴和涅槃之間的差別。

你（實在論者）現在會問：「假如在究竟（勝義）中，每一個事物均被稱為涅槃，那麼屬於相對（世俗）的輪迴〔在究竟中〕必然也是涅槃。」（第13bcd偈）

你（實在論者）接著問：「如此一來，即使佛果位也會退回到輪迴的狀態。這樣的話，為什麼要行菩薩道呢？」〔中觀宗說，〕只要因果的續流沒

有中斷，就無法停止幻化的顯現。（第14偈）

而一旦因果續流中斷，所有幻相，即使它是相對的，也將停止。（第15ab偈）

　　這裡，實在論者說，依照中觀宗的看法，所有現象均缺乏自性存在，而且把「無自性存在」稱爲「涅槃」：假如你中觀宗把這種缺乏稱爲涅槃，則涅槃會變得和輪迴相同，因爲輪迴也缺乏自性存在。如果是這樣，依照你中觀宗的看法，即使輪迴也會變成涅槃。但這種情況不會發生，因爲輪迴和涅槃不同。事實上，它們是互不相容的。而且，假如輪迴與涅槃兩者是無法辨認的，我們將不得不承認即使諸佛也依然處於輪迴的束縛中。依照你（中觀宗）的說法，如果輪迴和涅槃在究竟（勝義）的層面是相同的話，精神追求者爲什麼還要努力去行持，以達到佛果位或解脫之道？

　　寂天對於這點的回應如下：實在論者把「屬於本性涅槃的自性存在之滅」與「透過圓滿精神之道而達到的涅槃」混淆了。此外，寂滅（眞正的涅槃）不只是缺乏自性存在而已，也是所有障礙，也就是我們的煩惱（煩惱障）與習性傾向（所知障）的寂滅，因

此，我們必須分辨「本性的涅槃」與「觀修所證之涅
槃」（真正的涅槃）之間的差別。這是兩個不同的事
實。只要導致三有輪迴永無休止的因果續流不被終
止，任何人就會持續受到輪迴的束縛。一旦因果之鏈
被切斷，這個人不只處於本性涅槃的狀態，也將實現
從痛苦與束縛中解脫的涅槃。

　　實在論者在這裡的重點，是假如不接受事物的自
性與客觀真實，將不會有因果性質，如此一來，一切
現象絕不可能運作。對於所有這些反對意見，中觀宗
回應，雖然他們主張所有事物與事件都是如幻，其中
並無自性、獨立的真實，但是他們的確接受因果的有
效性與這個相對世界的其他功能。中觀宗說，相對世
界的真實並不會被他們的空性邏輯所破壞，反而完全
毫髮無傷地保留下來。

　　因此，在否定自性存在之後，重要的是能夠保持
相對真實（世俗諦）的世界有效性。如果能做到這
點，我們將達到真正的「中道」，遠離絕對（實有）與
虛無（斷滅）這兩種極限（常、斷二邊）的立場。由
於這個立場不會否定世俗世界的真實與有效性，因此
保持了例如原因與結果（因、果）、主體與客體（能、
所）等所有功能。一旦我們獲致這個觀點，就可以確
定自己已經躋身於「真正的中道者」的行列了。否

則，我們的哲學立場將落入兩種極限之一：要不就是
否定世俗世界的眞實，一步步掉入虛無（斷滅）的立
場；或轉向另一個極限，贊成某種絕對的形式（實
有），把事物執著爲絕對或永恆。依照寂天及中觀宗的
看法，一位精神修煉者能夠保持在中道的平衡立場是
很重要的。

∾ 觀修 ∾

　　現在，花一點時間做其他的簡短觀修。這個觀修
的主題是「細微無常」。首先，仔細體會自己的身體，
特別是血液的循環。心臟如何汲取血液？如果你觀修
那點，會經驗到有某種動態的事物在身體中，而從未
保持在靜止狀態。假如你深思外在的對境，也會觀察
到相同的現象。例如，當你看見一棟歷史上著名的建
築物，可能會想：「這棟房子有幾個世紀之久了。」
雖然在時間上還保持它的相續，但是這棟房子一直在
經歷刹那刹那變化的過程。

　　深思現象的這種細微無常、這種動態過程、這種
持續刹那變化的本質。這不限於外在的對境，也可以
擴及到我們的心續之流。雖然有一個連續體，但如果
仔細思考情緒、思想，以及我們擁有的心理狀態等認

知事件的個別情況，會發現它們都是剎那變化的，從未保持靜止。就這樣去深思內在與外在現象這種剎那剎那變化與動態的本質。簡言之，這就是你能夠觀修一切事物與事件的細微無常的方法。

第五章　唯識的觀點

評注

外在的世界

我們現在來到駁斥「唯識」見解特別有關的段落。首先，寂天使唯識學派提出論點，隨後再從中觀的立場予以駁斥。根本偈中是以一個問題來說明唯識的見解：

你（唯識學派）問：「假如會欺騙人的東西（幻相）不存在，那是什麼看見幻相？」（第15cd偈）

這個反對意見是，如果像中觀宗所聲稱的，所有現象都是如幻的，那麼觀念、認知和心識必然也是如幻的。若是如此，他們（唯識學派）會問：「是什麼認識幻相的？」

唯識學派的這個異議被中觀宗以各種方式駁斥。其中一個駁斥是基於同理的方式 -1-。在四個佛教學派的思想中，有兩個小乘學派：經部宗和毘婆沙宗；以及兩個大乘學派：唯識宗和中觀宗。兩個大乘學派均承認法無我。但是，對於是什麼構成這個無我的意義，唯識學派與中觀學派卻有不同的理解。

-1-
亦即中觀宗透過第16偈前兩句（16ab）來反問唯識宗，而質問的方式類似於唯識宗在第15偈後兩句（15cd）質問中觀宗的方式，故說基於同理的方式（drawing parallel）。

　　唯識學派是以所謂「三性」的觀點來瞭解實相。
這三個是「依他起性」、「徧計所執性」與「圓成實性」
或「究竟本質」。後者是在唯識架構中所說的「法無
我」。在唯識宗對於法無我的瞭解中，所要否定的「我」
或「自性」，主要是和「語言」及「觀念」指涉其對象
或對境的方式有關。例如，他們會主張，花瓶、柱子
和桌子等形色或日常對境，不會以爲命名術語的基礎
而存在 -2- 。在此觀點下，所有外在現象，在究竟的分
析中，都是內心的投射，勝義來說，它們都是心的延
伸。就這層意義而言，唯識學派拒絕外在世界的眞
實。他們主張，假如我們仔細檢視如花瓶和桌子等日
常對境，它們顯現在我們面前彷彿具有某種獨立的狀
態、彷彿它們存在於心之外，然而事實上，日常對境
只不過是我們內心的延伸而已。它們是源自於我們內
心的投射或建構，而不是存在於心之外的獨立、客觀
的眞實。一旦你以這種方式理解外在世界的缺乏眞
實，那麼傾向於認爲外在世界是眞實的這種執著，必
然會顯著減少。因此，爲寂天所駁斥的唯識學派，其
中心論題是，外在世界是虛幻的，而我們對於外在對
境所擁有的認識，都是由深植在內心的習氣，透過內
心投射所建構出來的。
　　在下一首詩偈中，寂天敘述，依照唯識學派的見

-2-
意思是對境不會告訴我們
它叫做什麼，而純粹是從
我們的角度給對境命名。

解，即使外在世界的真實也不能夠維持。

〔中觀宗說，〕但是，假如對你（唯識學派）而言，這些幻相本身並不存在，還有什麼留待我們認知的呢 -3- ？

假如對境有其他存在的方式，這個特有的存在方式就只是心本身。（第16偈）

唯識學派透過主張外在對境實際上不存在，而只是內心的投射，認為我們的認知和外在世界的真實兩者間，存在某種程度的落差。中觀宗質疑，如果是這樣，唯識學派至少已經接受外在世界的真實，其本質是如幻的。因此，他們將必須承認外在對境不具有真實或固有的存在，亦即它們沒有真正的本體狀態。因為即使唯識學派也否定幻相本身的真實性。

自我認識的心

唯識學派回應這點：雖然外境並不像我們認知它們的方式一般，享有自主、客觀的真實存在，但這並不意味著它們並不以心的表現存在。雖然它們不是獨立存在，卻可以說是以心理的現象存在。這是唯識學

-3-
此即中觀學派「基於同理的方式」對唯識學派所作的質問。此處中觀宗提出這個問題其背後的邏輯是，依照唯識宗的說法，既然一切如幻的現象不存在，那唯識宗認識到的如幻現象本身，又是什麼呢？

派可能提出的一個答辯。但是，在下一首詩偈中，中觀宗對此提出質疑：

〔中觀宗說，〕但是假如海市蜃樓（幻相）是心本身，那麼什麼會被什麼所認識？世間怙主（佛陀）說過：心無法看見心。（第17偈）

　　中觀宗質疑：假如如幻般的外境只是內心的延伸，那麼，事實上它們是心的一部分。如果是這樣，唯識學派將不得不承認，當心認識外在對境時，會發生心認識心的情況。在一個畢竟只有心而沒有其他事物的情況下，我們如何能前後一致、符合邏輯地討論主體與客體。

　　再下兩行，寂天引用一段經文，其中佛陀說，不論刀片多麼鋒利，也無法切割它自己。

〔中觀宗說，〕同樣地，他（佛陀）也說過，劍鋒不能砍劍鋒本身。而你（唯識學派）卻說：「但是，就像火焰完全可以照亮自己〔，同樣地，心也瞭解心本身〕。」（第18偈）

　　同樣地，心識絕對無法認識它自己。寂天想要說明，自證識 -4- 的觀念是站不住腳的。唯識學派透過

-4-
即一般所謂的「自證分」。

「心認識它自己是有可能的」這個答辯來回應這個質疑。他們以燈作為比喻，就像一盞燈由於自我照明的本質，因此能照亮其他對境；心識由於自我明瞭，所以也瞭解其他對境。中觀宗無法接受這個解釋並回應：

〔中觀宗說，〕火焰事實上絕不能照亮它自己。為什麼呢？因為黑暗絕不會遮蔽黑暗！（第19ab偈）

唯識學派引用其他的類比：

你（唯識學派）會說：「不像水晶，藍色事物的藍色性質並不需要依賴其他事物。」
「同樣地，某些認知來自於其他事物 -5- ，而某些則不需要 -6- 。」（第19cd, 20ab偈）

-5-
即下面即將談到的「他證識」。

-6-
即下面即將談到的「自證識」。

唯識學派答辯，我們可以區分兩種不同形態的藍色。例如，把一塊清澈的水晶置於藍布上，水晶將會帶有藍色。但是，這個藍色性質是源自於其他因素，也就是存在於它下方的藍布。相反地，藍色寶石中的藍色性質並不是源自於其他因素。因此，在第二個例子中，藍色性質是它固有的性質；而在第一個例子中，它是需要其他條件的。同樣地，唯識學派辯稱有

兩種主要的認知情況：第一種是我們的感官覺知 -7-，它會呈現外在對境；第二類不會呈現外在對境，但會察覺認知本身 -8-。因此，唯識學派區分「自證識」-9-和「他證識」-10- 的不同。寂天駁斥唯識學派的辯解如下：

但是，從來沒有藍色是自己能夠把藍色性質加在自己不具藍色的本質上的。（第20cd偈）

　　寂天認為沒有任何藍色性質不依賴其他因素。藍色是事物的性質，而所有事物及事件必須依賴其他因緣條件才能形成。就像水晶的藍色性質是依賴其他因素，天青石也要依賴其他條件。寂天繼續說：

心能夠瞭解並說明「燈照亮自己」這句話，但是要靠什麼瞭解並說明「心是自明的」這點？（第21偈）

事實上，心從未被任何人看見，因此無論去談論它能瞭解或不瞭解自己，就像去談論無法生育的婦女（石女），她的女兒有多麼漂亮一樣，都是毫無意義的。（第22偈）

　　唯識學派必須承認，燈不能照亮它本身，因為如

-7-
即「他證識」。

-8-
即「自證識」。

-9-
「自證識」即「朝向內在、經驗內心的認知」，例如「經驗『看見花的眼識』（內心）的認知」。

-10-
「他證識」即「朝向外在、經驗對境的認知」，例如「看見『花』（對境）的認知」。

果不是這樣的話，我們便不得不主張黑暗也可以遮蔽它自己。然而，即使我們不同意「燈能自照」這個觀點，依然會接受燈是發亮的。就像燈不能自照，中觀宗認為，心無法認識自己，但是這並不意味著它們不具有認知的基本特性。

寂天認為，即使是照明的基本作用也要依賴其他因素，也就是說，如果沒有被照明的事物，就沒有照明的情況發生。同樣地，如果沒有對境，就沒有認知。這就像我們談論石女的女兒一樣！

然而，唯識學派提出一個論證來證明「自證識」或「知覺的自覺特性」：

你問：「但是假如心無法認識自己，它要如何憶起所認識的對象？」（第23ab偈）

一般來說，我們用來決定某事存在的標準，就是它是否可以透過「有效的認知」（量）來成立。如果任何事物或事件可被有效的認知所成立，我們可以說它存在。因此，現象的實相有賴於覺知或認知的有效性。然而，認知的有效性又有賴於它和實相之間的關聯程度，因此，在認知和其對境之間，有一個互相依存的關係。如果沒有客體，就沒有主體，也就沒有認

知或覺知。

　　然而，唯識學派並不接受認知與其對境之間的這種依存關係。依照他們的觀點，心識或主體享有某種特權，因為主觀經驗證實對境的真實性。然而，主體的真實性也必須被證實。換句話說，認知或主體也必須被瞭解。但是假如每一個認知都需要其他認知來成立它，那將會沒完沒了！因此，唯識學派認為：「我們必須主張認知必須瞭解它自己；我們的認知情況必須要有一個自我認識的機能，才能讓我們的認知瞭解它自己。」

　　基於這些理由，唯識學派主張「心識的自我認識機能」。他們的論證基於「回憶」這個前提上，也就是說，當我們在回憶時，不只回憶「對境」，也會回憶「我們關於該對境的認知」。依照唯識學派的看法，這點指出了，當我們最初認知該對境時，必定有另外的機能記錄我們的經驗（認知）。唯識學派主張，就像在平常的表達方式中，如果我們沒有先前關於事物或事件（對境）的認知，就無法談論其（對境）回憶。同樣地，假如先前沒有關於該經驗（認知）的認知，便不能談論該經驗（認知）的回憶。因此，他們的結論是，在我們最初認識對境時，必定有一個自我認識的覺知。

寂天提出關於回憶的另一種解釋：

我們（中觀宗）說：就像水鼠的毒性一般 -11-，從和外在事物的關聯性當中產生了記憶。（第23cd偈）

從中觀宗的觀點，主體與客體均被賦予同等的力量，因為主體與客體是互相依存的。也就是說，每一個事物均依賴其他事物，並且基於其他事物而導出它的有效性。因此，中觀宗對於認知不會給予任何特權。

昆努喇嘛仁波切說，例如當你透過感官認知到藍色，而後回憶起該認知時，回憶對境的行為會混雜著回憶認知。對境的回憶絕不會獨立於對境的經驗（認知）而產生。這是因為當我們回憶對境時，主觀經驗（認知）也會被我們回想起來，因此不需要去安立一個獨立的自我認知機能（自證識）來解釋「回憶」。

接著，唯識學派提出其他論證，為自證識作辯護。

你（唯識學派）會說：「在某些情況下，心能夠看見其他人的心，因此心怎會看不到心自己呢？」但是〔中觀宗回應，〕透過結合神奇的藥膏，眼睛可以看見埋藏在地底下的寶藏，但是它（塗上

-11-
中觀宗的這個比喻是說一個人被老鼠咬時，他並不曉得鼠毒已進入體內，等到日後毒性發作，才發覺原來當初被老鼠咬時，毒性就已進入體內了。這個比喻所要表達的意思是，認知在認識對境時，並不知道自己正在認識對境，而是當日後回憶起該對境時，才知道當時有一個認識該對境的認知。如此一來，中觀宗認為即使沒有自證識，依然可以有回憶。

神奇膏藥的眼睛）卻看不到藥膏。（第24偈）

　　唯識學派認為，透過甚深的禪修，某些人有可能會獲得瞭解他人內心的神通。這樣的心必然有能力去瞭解更貼近、更熟悉的事物，也就是它自己。

　　中觀宗則用不同的比喻來回應這一點。他們認為，使用神奇力量與物質，或許可以讓人看見埋藏在地底下的對境，但仍沒有提供眼睛看見自己的力量。同樣地，他們主張，心能瞭解他人的心，並不意味著它也能瞭解它自己。

　　依照唯識學派，假如不接受自證識這個機能，便喪失了我們建立心識有效性的基礎。因此，寂天重申：「我們並不是要否定景象、聲音與認知。」

我們的目的其實不是要駁斥景象、聲音或認知的經驗，我們在這裡的目的是要根除憂愁苦惱的原因，亦即認為現象是實有的這種概念。（第25偈）

　　我們是要否定「把所見、所聽、所認識的事物視為自性真實」的這種錯誤認知，因為這個錯誤認知是我們受苦的根本原因。

看穿我執

　　要瞭解這個「根本無明」或「執著自性存在的想法」，如何讓我們的束縛生根，有必要對煩惱在心中產生時所導致的心理及現象過程，有某種程度的瞭解。當我們經驗到像是生氣、憎恨及貪著這些負面情緒時，應該檢視「讓我們產生情緒的對境」是如何呈現在面前的，也就是說，我們是如何覺知它們的？在我們與世界的正常互動中，會覺得事物享有一個客觀、獨立的狀態，就在「那裡」。這是因為我們傾向於以二元認知與世界聯繫，傾向於同意我們的認知去執取呈現在面前的影像，彷彿它們具有某種客觀、自性的真實。當我們處在強烈的情緒中，這種情況尤其真實。

　　例如，正在對某人或某事產生強烈欲望時，在那當下，吸引我們的那個對境彷彿百分之百地完美和令人嚮往，似乎獨立存在於認知之外。同樣地，經驗強烈的氣憤及憎恨時，我們生氣的對象彷彿真的具有獨立於認知之外的令人感到氣憤的特性。陷於強烈情緒中時，內心傾向以一面倒來看待事物，也就是以百分之百的好或百分之百的壞來認知事物。在這些情況下，應該真的試圖去認清我們實際上是如何與這個世

界聯繫的？把事物視爲自性眞實的這種錯誤認知，又是如何讓我們與周遭世界之間的互動產生扭曲的？

當我們小心分析像是生氣、貪著及忌妒這些強烈情緒，會發現在這個因果的過程中，有一個「我」或「自我」的強烈感覺處於其核心位置。像「我不要這個」、「我討厭這個」、「我覺得被它吸引」等感受，是構成情緒經驗的基礎。我們如何去聯繫或反駁這個強烈的「我」的感受？分析是其中一個步驟。另一個對治煩惱的步驟，則是試圖把我們執取情緒的對境爲實的力量降低。

舉個例子來說明你對於有價財產，像是車子或手錶的態度。假如你對手錶有強烈的貪著，那麼試著回想一下，在還沒有買這只錶之前，也就是當它還在鐘錶店的架上時，你對這只錶的反應如何？然後把這種感覺和你買下之後作個比較。現在它已經是「你的」了，這只錶變得和你的自我意識——「我存在」——有關了。在店裡時，它當然吸引你的注意，但是和你的自我意識較無關聯，因爲它還不「屬於」你。因此，可以觀察到，即使對於同一個對境，我們的感覺有多麼不同。

一般來說，像是生氣和貪著等情緒的產生，有不

同的強弱等級，這些等級的強弱與執著自我意識或「我」這種想法的程度息息相關。在粗顯層面上，我們傾向於把自我視為一個獨立於身心之外的實體，就像一個主宰者一樣，具有某種獨立自主的真實性。執著「我」的這種感覺是相當本能的反應。例如，假如有必要，或覺得對我們有利益，會發現自己完全可接受運用醫藥科學進行心臟移植或截肢。如果可能，甚至樂意把身體換成另外一個，前提是它要能帶給我們安樂。同樣地，假如覺得交換之後情況會更好的話，或許甚至也會準備把我們的心交換出去吧？這樣的意願暗示了我們的確有覺得「我」是完全獨立於身心之外的一種信念。寂天在這部典籍中所要說明的，就是這樣的我並不存在。根據他的說法，我或有情只有以諸蘊作為基礎的情況下才能存在。離開身和心，沒有一個實體可被稱為「我」。

　　這裡的重點是，一旦仔細思慮這種無我，那麼你對這種我的執著肯定會相對地減少，如此會導致你對於「我」或「自我」的堅固執著感明顯鬆脫。我前面提過，假如你把所有外境視為內心的投射，亦即視為是你那個被蒙蔽的心所創造出來的某種事物，這會讓你對於外境的貪著顯著降低。同樣地，當你瞭解這種

獨立、自主的我不存在，對這種我的本能執著就會開始鬆脫。

幻相與心

接著，寂天提到唯識學派的另一個論題。

你（唯識學派）說：「幻相並非異於心」，然而你（唯識學派）又聲稱它們（幻相與心）不是同一個。但是，假如心是真實的話，那它們（幻相與心）怎麼不會不同呢？假如（幻相與心）沒有差異的話，心怎麼會是真實的呢？（第26偈）

這是主張幻相既不是異於心，也不是同於心，亦即幻相不是心本身。因為幻相既非同於心也非異於心，因此它必然是內心的投射。

寂天質疑，假如幻相存在於心之外，唯識學派怎麼可以主張它純粹是內心的投射呢？另一方面，假如幻相不具有任何外在的真實，幻相會變成只是內心虛構出來的產物，在這種情況下，唯識學派怎能主張像色法、桌子及瓶子等日常生活中的對境是真實存在的呢？從唯識學派的觀點，它們在任何方面都不會是真實的。

　　然而，唯識學派的追隨者堅稱，雖然外境猶如海市蜃樓且不存在，但我們仍然能夠觀察到它們。

你（唯識學派）說：「海市蜃樓雖然不是實有，但我們可以知道它。」〔寂天說，〕認知也是一樣，它雖能認知，但猶如海市蜃樓。你（唯識學派）說：「但是支撐輪迴的東西必定是真實的，否則輪迴便會像空無一物的虛空。」（第27偈）

　　寂天回答，同樣地，從勝義諦的觀點，心雖然不存在，但我們仍然主張心在世俗層面是可以觀察得到的。關於這一點，唯識學派回答，輪迴實際上必定有某些客觀存在、實質的基礎，否則它會如同空無一物的虛空般，而這個對於他們來說只是一個抽象的概念。唯識學派雖然視虛空為抽象性質，但仍然堅稱它實際上必定要有某種堅實的基礎。於是寂天重申，從唯識的觀點，只有心享有真實存在。

但是，不真實的東西即使依靠真實的事物，又如何能發揮功用呢？你的這顆心是隔絕、單獨、孤立、孤獨及無伴的。（第28偈）

假如心實際上是遠離各種對境的，那麼一切有情
必定是佛陀、善逝及覺悟者。因此，主張有「唯
心」有什麼用處呢？（第29偈）

因此，唯識學派被自己的邏輯所迫，而不得不承
認心獨立於一切對境之上，因為勝義中，只有心存
在。若是如此，這將會類似「法身」的狀態，其中關
於外在世界的所有分別過程均會消失，而且不再有二
元的顯現。

最終，唯識學派將必須承認，因為除了心之外，
沒有事物存在，所以心必定遠離了二元的戲論。這是
因為所有的二元形式均只是幻相，因此不存在。這進
一步暗示了一切有情或如他們一般具有心者，均為佛
陀、圓滿覺悟者，並且遠離錯覺與二元的認知。寂天
透過這種方式，顯示了唯識學派的見解會導致荒謬的
結論。

中觀之道的方法

現在寂天開始討論中道的必要性。首先，他對中
觀宗關於自性存在之空性的立場提出一個異議：

即使我們知道一切是如幻的，這又將如何去除令人苦惱的貪欲呢？
因為連魔術師都會對自己所變化出來的幻女產生貪愛。（第30偈）

　　寂天在下一首詩偈回應這個質疑：

原因是他們（魔術師）並沒有戒除自己貪愛對境的習性，因此，當他們凝視這樣的事物（幻女）時，空性的薰習的確是微弱的。（第31偈）

　　寂天同意「身為創造幻女的魔術師，雖然知道她僅僅只是一個幻相，但有時候還是會有欲念」這點是真的。寂天說，這是由於習氣傾向與思考模式所致。同樣地，即使在瞭解諸現象的如幻、空性之後，我們仍然會有「執著事物與事件彷彿它們是自性實有」的習氣傾向，這是因為過去多生累劫所形成的本能習性。

　　當我們談論到此處的「種子」與「潛在形式的習氣」時，必須辨認出主要有兩種不同的形式。第一種是「潛在形式的習氣」與「印記」，日後會在心識中以更明顯的形式現行。另一種形式不像習氣如此潛伏，

而保持「習慣的模式」影響著我們的認知和態度。

　　寂天敘述，透過培養、熟悉對於空性的洞見，會逐漸克服這些強而有力的習慣對我們的影響。一旦我們對於空性獲得深刻的洞察，否定所有邊見的執著，那麼所有二元的傾向與執著（煩惱障）將會停止。然後，透過持續的熟悉並開發深刻的洞見，甚至可以逐漸克服執著自性存在的習慣性傾向（所知障）。

　　對我們而言，重要的是理解其根本，並瞭解細微的空性，因為這可以去除所有程度的實有與自性的真實。我們對空性的理解不能像唯識學派那樣不完全，這一點非常重要。他們的理解雖然否定了外在世界的真實，但依然主張心或識享有某種程度的絕對真實。因此，仍然存在一個產生執著的有力基礎，這是因為我們對空性的理解尚末達到極致。

　　相對於唯識的觀點，中觀自續派更進一步主張，不論心或外境均無實有。然而，中觀自續派仍然接受心及其對境的某種細微形式的自性真實，因此他們對於空性的瞭解也不是究竟。

　　在中觀應成派瞭解空性的情況中，因為所有自性真實均已被去除，對於空性的深刻洞見是全面、究竟的，而且能夠破除所有執取事物為絕對的傾向。這才是我們必須開發的、關於空性的真正瞭解。

　　寂天在下一首詩偈對我們提出告誡。

透過習於空性的訓練，執實有的習性將會逐漸褪去。透過觀見一切無自性的訓練，視無自性為實有的見解本身也將會消失。（第32偈）

　　這裡要強調的是，知道執空性本身為實有的危險，這一點非常重要。你或許會得到一個結論，雖然所有事物與事件都是自性空的，但是空性本身卻是絕對（實有）的。寂天說，當我們對於空性的見解達到圓滿的時候，甚至執空性為實有，以及認為它是某種絕對事物的傾向也將會被去除。關於這一點的解釋，雖然袞悲堪布與彌亞袞綏兩者的注釋存在著些微差異，但最終皆匯歸到相同的觀點上，亦即必須開發對於空性的完全理解，讓我們避免將空性執為實有的情況。

　　下面兩首詩偈，寂天告訴我們，透過觀修空性，我們能夠達到無分別的狀態。

當主張「沒有任何事物」時，沒有「事物」可以被檢視。因為缺乏一切支撐基礎的不存在事物，怎能在心的面前依然以某種事物存在。（第33偈）

當真實與不真實兩者在心的面前皆不存在時，對於心而言，沒有其他任何事物要處理，而只是處於完全的寂靜中，從分別概念中解脫。（第34偈）

　　寂天說，身為一位中觀師，他在相對架構中承認所有世俗現象的有效性，例如因果法則與證得解脫的可能性。在事物與事件的實有架構中，實有論者也提及道與證得圓滿解脫的可能性。寂天認為，雖然在究竟的情況下，所有事物皆是無實有，而且沒有自性存在，但我們依然可以前後一致、符合邏輯地說達到佛果位的可能性。他在下面兩首詩偈中指出這個重點：

就像如意寶珠與如意樹可以達成並滿足所有希求與願望，同樣地，透過祈請，諸勝者（諸佛）會為了那些可以接受教化的人們而降臨在這個世界。（第35偈）

具有療效的金翅鳥神龕，即使當建造者已死去多時，從造好那時起，即使經過久遠的時間，仍然可以治療並平息所有瘟疫與毒物。（第36偈）

依循菩薩行而修建佛塔的菩薩，雖然已經入涅槃，但這個佛塔仍能利益許多眾生。（第37偈）

然後，寂天使他的對手提出這個問題：

你問：「但是，供養已離所有戲論的大士（佛陀），會有果報嗎？」（第38ab偈）

然後，他回答：

據說：「不論佛陀住世與否，只要供養他們，均會獲得相同的利益功德。」（第38cd偈）

不論你主張相對或究竟，經典說：「功德將會產生。」亦即不論佛陀是真實或相對存在，均將獲得功德。（第39偈）

❧ 觀修 ❧

現在作一個簡短的觀修。想像你正對某人產生像是瞋恚或貪欲的強烈情緒，然後想像陷在這種情緒中的你，在和這個人互動的情節中，會如何作出回應。分析你和起瞋或起貪的對境是如何產生聯繫的，並且把這個情況和你在正常狀態下如何跟人們互動作一個比較。思考這兩個情節之間的差異，並且作一比較。

這樣，你會學習辨別在強而有力的煩惱下的心理過程，例如瞋恚；並且體會到執取那人的某些實有特性即是痛苦情緒的根源。

第六章 | 大乘的可靠性

⌘ 修習智慧 ⌘

產生安樂的原因

　　月稱在他的《入中論》說：「整個有情世間與器
世間，均是因、緣的結果。」-1- 他明確提到因和緣構
成了有情的業。每一個個體形成（成）、壞滅（壞）並
停止存在（空），如果追溯這些因、緣本身的相續，會
發現基本上落在業的範疇中，不論這些業是正面或負
面。業本身則根植於意圖及動機，因此實際上均會落
在每個個體的內心狀態。從一個遵守戒律並且平靜的
內心中，會產生讓人滿意的正面結果；從一個不遵守
戒律的負面動機及心態中，會產生讓人厭惡及痛苦的
不快經驗。因爲這一點，佛陀在各種不同的經典中
說：「內心是一切有情與輪迴的創造者。」這一點也
適用於涅槃。因此從某種層面來說，心是輪迴與涅槃
兩者的創造者。

　　就每個人都會本能地尋求安樂、避免痛苦這一點
來說，所有個體都是平等的 -2-。實現這個熱切期望的
方式，是找出能夠發展並增加我們的安樂，以及去除
造成痛苦與厭惡的眞正因緣，這才是佛法修行的眞正
核心。

-1-
即月稱論師造、法尊法師
譯，《入中論》VI.89：
「有情世間器世間，種種
差別由心立，經說眾生從
業生，心已斷者業非
有。」

-2-
即寂天論師造、如石法師
譯的《入菩薩行論》
VIII.90：「首當勤觀修，
自他本平等，避苦求樂
同，護他如護己。」。

　　目前內心的狀態，如安樂、惱怒或其他，當然有賴於許多因素，包含像是精疲力盡或放鬆的身體狀況。然而，我們的許多思考過程並不是依賴生理條件。因此，究竟來說，透過產生內在的轉化，可以在內心達成我們想要的改變。

　　當我們談到心或識時，不應該有「所談論的是一個單一實體」的概念。正如物質有多種不同的形式，組成內在世界的心識也有許多不同的類型，有各式各樣的習氣、心態、思考過程等。外在、物質的對境情況中，我們懂得分辨某些是有利的，某些則是有害的。基於這種辨別能力，會避免接觸有害之事，而去利用並發展正面事物的潛能。同樣地，在內心世界裡，我們可以在各種心態中選擇。那些不單單能夠創造立即的寧靜，甚至也能引起更安樂、正面及平靜的心態，我們可以加強其能力和潛力。

　　某種想法與情緒產生時會立即引起不安，折磨我們的內心，並產生負面的氣氛。即使是那些最初帶來安樂或愉快感受的想法與情緒，其中有一些實際上也會具有破壞性。因此，在有害的和那些真正有益的心態之間作正確地分辨，是非常重要的。

　　在有益的心態中，我們必須分辨出長期與短期的利益效果。當這兩個標準形成衝突時，應該把那些會

產生長期結果的心態視爲更重要。某些心態最初會產生困擾、不快或缺乏樂趣，然而藉由保持平靜並面對它們，經歷所提供的各種挑戰，這些情況最終有可能產生更安樂及更穩定的心態。因此，具有比較長期與短期結果的能力很重要，透過這樣的洞見，我們能發展產生長期利益的正面心態。

當我們談到哪些行爲與心態需要提升，哪些必須捨棄時，必須明智地選擇並進行這項任務。產生這種洞見的能力稱爲「明辨的覺知」，事實上，這是身爲人類的顯著特徵之一。雖然一切有情在具有希望安樂與去除痛苦的本能方面是相同的，但只有人類擁有較大的能力能以長期和短期結果的觀點去作思考。由於這點，人類較富有創造力，因此有較大的能力實現離苦得樂這個目標。

在各種類型的明辨覺知中，最重要的是看穿究竟實相本質的覺知，也就是瞭解空性的覺知。有許多方法可以用來發展這個智慧，包含最重要的研讀概述空性哲學的經典，而這就是本書所要處理的課題。

兩種智識文化

　　一般而言，我們可以說，東方的哲學家對於內在世界的本質給予較多的關注，佛教傳統尤其如此。西方科學傳統似乎普遍更強調外在世界的探究。由於這點，可以從兩種不同的智識文化，亦即探索外在世界與內在世界不同的強調重點，來談論東方與西方。身為人類，這兩種我們都需要。

　　在東方，雖然有科學與技術，但尚未充分發展，因而仍停留在早期的階段。同樣地，西方雖有各種心理學的學科，但因為智識文化著重於外在世界的探索，心理學的訓練依然停留在初期的階段。因此，正如在東方，我們需要更多的科學與技術發展，同樣地，西方對於心、識與自我瞭解方面也需要更進一步的發展。

　　由於這一點，很多西方人採取學術方式來關注東方宗教。這種關注比較不是從尋求個人精神之道入手，而是將其視為智識上的探究。我認為這是非常健康的，因為藉由研究他人的觀點，我們有可能發現這個世界、包括自己生命在內的、新的、令人耳目一新的觀點。

評注

大乘的可靠性與空性

　　現在從第四十偈開始繼續我們的根本偈。在這個小段落的一開始，寂天談論到，即使從輪迴解脫也必須瞭解空性，更不用說成佛了。這兩部西藏注釋關於這些詩偈的解讀並不相同，這個差異依次導致了根本偈在分段方式上的歧異。

　　袞悲堪布在他的注釋中提到，從這裡開始，主要的重點是為了證明大乘經典的有效性或可靠性。相反地，彌亞・袞綏的注釋則說，重點在於證明「即使是為了從輪迴解脫，空性的瞭解也是不可或缺的」這個論點。假設他們所覺察到的重點不同，在解釋上肯定也會有差異。

　　首先，爭端的開啟在於中觀學派非常強調空性的瞭解這點。在這裡，寂天使對手提出一個問題：「因為透過觀修並瞭解四聖諦的性質，便能夠從輪迴中證得解脫，那麼瞭解空性有什麼必要呢？」

〔小乘行者說：〕「透過理解四聖諦，我們便可以解脫了，空性的見解對我們來說有什麼用處呢？」

但〔寂天說，〕因為某些經典本身明白地提及「沒有它（空性），就沒有覺悟」。（第40偈）

　　寂天透過「佛陀在經典中說過，沒有空性之道，連要從輪迴中證得解脫也是不可能的」這個理由來回應這一點。寂天這裡所指的那些經典是大乘的《般若波羅蜜多經》。

　　在《般若波羅蜜多經》中，佛陀提到：「只要我們仍然執著一切現象為實有，就不可能證得解脫。」佛陀還說：「即使要證得涅槃或止息痛苦，空性的瞭解也是必要的。」這個論點是基於「大乘經典是佛陀真正的教法」這樣的假設。

　　其他佛教傳統，例如小乘，則對「大乘經典是佛語」提出質疑。因此，寂天非常著重於說明「大乘經典是佛陀真正的教法」這一點。因此，在下一首詩偈，寂天使對手質疑大乘經典的確實性。

你（小乘行者）說：「大乘沒有根據。」但你（小乘行者）又如何證明自己的傳統是有根據的？你（小乘行者）會說：「因為它（小乘經典）為兩個宗派所接受。」〔寂天說，〕但是在一開始，你（小乘行者）自己本身並無法證明這一點。（第41偈）

　　寂天透過「但你（小乘行者）又如何證明自己的傳統是有根據的？」這個問題來質疑。中觀宗在這裡提出的重點是，即使是小乘認為有根據的那些經典，也不是一開始就被證明是真的。小乘行者以指出「在小乘經典的情況中，大、小二乘皆承認其有效性；但是在大乘經典的情況中，則有小乘質疑其（大乘經典）有效性」來回應這點。中觀宗透過「這顯示了小乘經典的可靠性並非不證自明的，因為它們也不是從一開始就被認為是真的」這個說明來作回應。也就是說，小乘必定有某些理由來作為承認他們的經典為真的根據。

　　同樣地，寂天在下一首詩偈繼續說：「假如你（小乘行者）認為我信賴大乘的理由是令人信服的，那麼你（小乘行者）就不得不承認它們（大乘經典）的有效性。」

你（小乘行者）為什麼信賴你的傳統，這個理由同樣可以應用到大乘來。而且，假如兩個宗派之間的看法一致就可以顯示真理的話，那吠陀等理論也將成為真理了，不是嗎？（第42偈）

　　假如你仍然堅持自己的論點：「因為大、小二乘

皆一致承認小乘經典的有效性，因此小乘經典可被視
爲有效且值得信賴。」那麼，根據同樣的道理，你也
必須承認吠陀教法的眞實性，因爲總是會有兩個宗派
支持它的有效性。

寂天在下一首詩偈中繼續說：「假如因爲有人批
評大乘經典的可靠性與有效性，便意味著有充分的理
由來質疑它們的有效性的話，那麼我們也必須懷疑小
乘經典的有效性。」

你（小乘行者）會說：「大乘有問題，因為它受
到質疑。」但是〔寂天說，〕當其他佛教學派在
責難並抨擊你們的經典（小乘經典）時，它們
（小乘經典）同樣也受到非佛教徒的質疑。因此，
你（小乘行者）必須立即捨棄你的傳統。（第43
偈）

當然總是會有人，如佛教徒與非佛教徒，抨擊某
些小乘經典的有效性。但並不會僅僅因爲被某些人批
評，就意味小乘經典是不可信賴的。總之，寂天認爲
小乘學派用來證明小乘經典爲有效的任何理由，也同
樣可以用來證明大乘教法有效。透過這些辯論，寂天
試圖證明大乘經典的有效性。

其他的論證也可以用來顯示大乘經典的有效性。

-3-
即《中觀寶鬘論》
IV.92：「加持四聖諦，
及順菩提道，共諸聲聞
行，佛果由何勝？」。

-4-
即《現觀莊嚴論》的綱要
書《八事七十義》，當中
第四事或第四現觀「圓滿
一切相加行」的第一義當
中的三十七個「隨順聲聞
之一切相智的智相」（即
三十七菩提分法）。但若
要成佛，還必須修學三十
四個「隨順菩薩之一切相
智的智相」和三十九個
「不共之一切相智的智
相」。

-5-
即「三大阿僧祇劫」：3
乘10的59次方的大劫。

例如，龍樹說：「假如解釋各種階段、地道體系的大乘教法不存在的話，我們便無法證得圓滿覺悟（成佛）。」-3- 僅僅依照小乘教法中所教導的「三十七菩提分法」（覺悟之道的三十七個層面的道）去修是不夠的。因為「三十七菩提分法」對於達到三乘的目標，即聲聞阿羅漢、獨覺阿羅漢與佛果位來說，只是共通的內容 -4-。假如在果的階段存在極大的差異，那麼我們可以預期，在因的階段自然也會有極大的差異。龍樹認為，唯有憑藉大乘經典中開示的教法，我們才能真正建立、確實可行的成佛之道。

佛果位與三身

依照小乘經典，本師釋迦牟尼佛在二十九歲以前為悉達多太子，之後採取苦行的生活方式，經過六年的禪修，大約在三十五歲時獲得圓滿覺悟。在接下來的四十五年間，佛陀依照其圓滿覺悟滿足眾生的希求。然後，八十歲那年在拘尸那羅，佛陀進入圓滿涅槃。根據小乘經典，佛陀在那個時刻消失無蹤，他的心續亦告中止。如果是這樣的話，我們將必須接受一種情況就是，在經過三無數大劫 -5- 累積福德與智慧資糧之後，其成果僅僅只是利益其他眾生四十五年！我個人

寧可擁有心續，即使這意味著繼續在輪迴中流轉，也不要處在心續中止、完全不存在的狀態，亦即涅槃中。

　　與此相反，大乘經典主張，後來成為圓滿覺悟的悉達多太子，他是一個「化身」：完美示現的佛身，而且早就已經圓滿覺悟了。這樣的存在者，在其本質的體現方面，就是「法身」：實相的佛身。從那個範疇中，他呈現了「圓滿報身」：圓滿受用的佛身，由此，這樣的佛陀顯示出各式各樣的物質體現。從一方面來說，佛果位的觀念或許令人不可思議；然而，從另一方面來說，假如我們把有關佛果位的描述，即在大乘文獻中描述的特色與性質等，與產生圓滿覺悟所需的因緣複雜性作連結的話，兩者其實是比較吻合的。我認為大乘經典描述的佛果概念，較小乘經典中描述的佛果是虛無狀態更接近事實，也更有道理。

智慧的結果

　　佛陀在經典中說：「一個結果的形成會和它的原因相符。」這個就是一般的因果法則。無明為因，迫使有情從事包含正面與負面的各種行為，這些行為進一步產生各式各樣的結果，例如在各種趣中受生。即

使是在單一的受生中,也有各式各樣的結果,例如一個人所投生的環境。在有情之間存在著極大的差異性,是由於產生它們的因和緣的差異性所導致。所有這些不同存有形態均充斥著痛苦。因此,如果一個像無明的心這樣的因,能夠產生如此多樣性的結果,那麼我們可以想像,以智慧為因也會導致各種多樣化的結果。但是,假如我們堅持智慧的唯一結果就只有證得圓滿覺悟,卻沒有隨後利益其他有情,那麼這似乎會讓人聯想到,無明將會是一個比智慧更為強而有力的因,因為它可以產生如此多樣化的結果。但這是沒什麼道理的。

大乘經典的起源

最重要的是,所有佛教學派均承認四聖諦這個法則。有關四聖諦的這些教法,建立了整個佛道的基礎。正如我先前提過的,為了對第三個聖諦,即滅諦,獲得充分的瞭解,我們必須依賴大乘經典中的教法。如果沒有大乘經典中才看得到的詳細解釋,便無法對滅諦產生充分的瞭解。

我們或許會覺得許多小乘經典,例如透過巴利語記錄的那些經典,才是眾所公認為佛陀所真正要表達

的內容，而大乘經典則不爲大家所公認。而且大乘經典並不在佛陀滅度後舉行的三次結集的經典教法中，因此有人或許會對它們感到懷疑。關於這一點，清辨在他的《中觀心論釋：思擇焰》回應：「大乘經典是由菩薩，例如金剛手，所彙編的。」

　　許多小乘經典源自於公開的說法，但是大乘經典並沒有公開對大眾教導。因此，我個人的感覺是，不能純粹由世俗、歷史的標準來判定這些經典，它們的發展或許必須從所謂「神秘的觀點」來進一步瞭解。例如，屬於金剛乘傳統的許多經典，是由具有禪定本尊之形象與本質的佛陀所教導下來的。同樣地，歸屬於佛陀的許多經典，也不必一定是佛陀以人類的身分在這一世、這個世間上所教導過的內容。

　　個別的修行者，由於業力成熟的緣故，即使在佛陀滅度後，也可能有在觀中目睹壇城本尊的經驗。基於這種神秘的遭遇，某些經典便會出現於世。時至今日，仍有一些偉大的開啓「伏藏」者，這些具有眞正資格的伏藏師，能夠開啓過去一直被埋藏起來的那些典籍。當然，必須一直很小心，這當中也可能會有騙子。但是這個可能性所要反映的是，我們未必須要將佛教修行的起源直接追溯到歷史上的佛陀。

　　但是，有一個爲當代學者所爭論的問題是，許多

大乘經典，例如「般若經典」的風格是相當近代的，意思是說，那些風格並非佛陀當時所流行的風格。因此，他們認為我們不能把這些經典當真。關於這個的一個例子或許就是《時輪密續》。我承認語言與風格或許無法反映佛語的原創性，但可以想見的是，風格的差異性乃導源於編纂者的不同。例如，在西藏佛教中，許多被開啓的典籍均歸屬於蓮華生大士。但如果開啓這些典籍的伏藏師，其學術背景與性格不同，即使這些典籍均歸屬於蓮華生大士，我們仍會發現在風格上的差異性。就像上述這種情況，大乘經典雖然歸屬於佛陀，也多半會展現出風格與語言上的差異性，這是因為編輯這些經典的基礎在於不同編輯者的淨觀或神秘經驗。

個人的探究

我對於大乘經典其有效性的辯護，或許你們聽起來會有一點雜亂無章。要決定它的有效性，最讓人信服的檢視方法或許是運用科學的方法，亦即你們應該對自己進行檢視。不論這些經典是否能夠被證明是佛陀當初所說的話，重要的是要確定它們是否有益。即使某些內容是佛陀當初所說的話，但假如不是有益

的，也就是說，如果對你沒有任何正面影響的話，那麼就沒有價值。另一方面，即使我們無法證明某些內容是佛陀當時所說的話，但依然有益和有效的話，仍然具有很大的價值。

撇開印度歷史而只看過去西藏祖師們的一生，我們必須承認在這些上師的傳記中或許有些誇張之處，但是我們卻不能將這些作品純粹視為幻想或無稽之談而全然捨棄。許多大師已經證得極高的證悟，這點看起來是真的。因此，重要的是不要完全迷失在這些臆測上，而寧可更專注於個人的精神修習。透過這種途徑，一定能夠加深我們對於佛陀教法有效性的確信。我認為這要比鑽研「這些教法是否為歷史上的佛陀所教導的」這些純屬臆測的問題更為重要。說到這一點，證明大乘經典為真的這些證明是重要的。因為一旦心中浮現對於經典有效性的質疑時，會想要某些可以給我們信心的答案是很正常的。就這層意思來說，這些詩偈當中的論證相當有價值。

⟟ 觀修 ⟟

現在，讓我們觀修「心」這個主題。因為所有輪迴和涅槃均來自於心的狀態，未經訓練的狀態就像第

一種情況，經過訓練的狀態就像第二種情況，心就像是一個造物者。因此，心是最重要的。在這座禪修中，將正確檢視這個心是什麼。我們將設法辨認它。

　　一般而言，當我們覺知外境時，由於習慣於被吸引，因此覺得它們很熟悉。因為這種熟悉感，心中會呈現那個對境的形象。例如，當我們感覺一個花瓶時，在視覺器官中會產生類似那個花瓶的感官資料，覺知產生如同那個花瓶的形象呈現，感覺好像有一種可以觸摸的性質。因為我們的心覺得以某種方式和該對境融合，因此心的本質本身被蒙蔽住。部分原因是由於過分著重於外在世界——我們將它客觀化；一部分原因則是由於思想經常被害怕未來和希望，以及過去的回憶所占據。我們時常被困在懊悔和貪欲的想法中。所有這些因素都意味著，目前的覺知在典型上是被蒙蔽的。

　　你應該要做的是，自覺地約束你的心不要回憶過去，或者期待、害怕或希冀未來。單純地將焦點放在目前的瞬間，不要讓你的心去追逐外在的對境或事件。不要將事物客觀化，寧可讓心保持在自然狀態，單純地停留在目前的狀態。以這種方式，你將能夠經驗到某種內心的清澈。

　　這有點像水：當水被攪動時，出現波浪或氣泡，

我們無法看見水本身的清澈性質。一旦水保持靜止，我們便能夠清楚地看見有什麼在裡面。同樣地，我們應該讓心安定下來，並設法免於紛擾的想法氣泡與波浪，並試著保持在那種無分別的狀態中。

我必須聲明，這並不是一個特別深奧的禪修技巧，因為在非佛教的觀修傳統中也可以看到。

因此，在這座中，試著觀修這種空曠或清澈。停留在內心目前這種空靈的狀態中，單純地覺知內心的目前狀態。就保持在這種無分別的狀態中。

第七章　中觀學派主張的空性

評注

阿羅漢的心

依照衰悲堪布的注釋，寂天在這裡提出論證，顯示大乘道的卓越之處。

真正的僧寶是佛法的根本，但是要成為一位僧人的確是困難的。而陷在分別當中的心要超越痛苦的束縛是困難的。（第44偈）

你（小乘行者）說：「在煩惱被完全斷除的那個時刻有解脫。」然而〔寂天說，〕那些擺脫煩惱之人仍然顯示出繼續受到業的影響。（第45偈）

文中敘述：「如果我們堅持教義的根本是僧團，卻不接受空性的教義，那麼僧眾是不可能成為阿羅漢的。也就是說，假如阿羅漢的僧團是教義的根本，那麼如果我們不接受空性教義的話，這樣的團體，其存在是令人難以置信的。」

關於這一點，小乘行者或許會回應：「我們可以成立一個無須接受空性教義的阿羅漢僧團，因為即使不瞭解空性，光是透過四聖諦的瞭解，仍然可能從輪

迴證得完全解脫。」為了回應這一點，中觀宗說：
「即使為了從輪迴中證得解脫，空性的瞭解也是不可或
缺的。因為把我們束縛在輪迴中的根本原因，就是執
現象為實有的無明。如果沒有砍斷這個根本原因，就
不可能證得解脫。如果沒有瞭解空性，那麼修習空性
將只是保持內心處在無分別的狀態而已。僅僅把分別
心關在外面，絕對不可能讓我們從輪迴中獲致完全解
脫的。」

關於第46偈，兩部西藏注釋之間的解釋存在著分
歧。詩偈如下：

你（小乘行者）說：「首先，因為我們可以確
定，再次受生的因——貪愛——已經窮盡。」〔寂
天說，〕他們沒有來自於煩惱情緒所給予的貪
愛，但他們如何避免與無明聯繫的貪愛呢？」（第
46偈）

小乘透過「這些阿羅漢已經從輪迴中證得解脫，
雖然他們或許尚未從由心的迷惑狀態所形成的習氣模
式（所知障）中獲得完全解脫，但是由於已經證得解
脫，因此他們依然砍斷輪迴的根本，對他們而言，不
會再受生」這個答辯來回應寂天。

寂天在這裡敘述：「唯有致力於一個完全瞭解人

無我與法無我的道，我們才能到達佛的一切相智的狀
態。」依照寂天的看法，這樣的道只能在大乘教法中
發現到。就這一層意思來說，大乘經典比小乘教法更
卓越，因為只有在大乘中才可以見到通向圓滿覺悟之
道。至於已經從輪迴中證得解脫的阿羅漢，寂天認為
我們仍然可以觀察到他們被業的習氣所影響。例如，
雖然舍利弗和目犍連已經從輪迴中證得解脫，但是他
們仍未從過去內心蒙蔽狀態所形成的習氣模式中解脫
出來。

這個貪愛是由於受而產生，而且他們當然還有
受。分別心仍然在他們心中徘徊，而且他們仍執
著這些分別心。（第47偈）

　　寂天說：「這些小乘認為已經完全從輪迴中解脫
的所謂的阿羅漢，雖然他們或許沒有這樣的貪愛，但
是因為他們有執著我這個概念的根本無明，因此貪欲
的形式仍會產生。」關於這一點，小乘可能會回應：
「這些阿羅漢不會有任何貪欲，因為心中已無蒙蔽的狀
態。」中觀宗則會透過說明：「因為他們有感受或感
覺，這些所謂的阿羅漢將會執這些受為實有，而這會

導致貪著。」來回應這一點。因此，即使從小乘的觀點來看，這些所謂的阿羅漢並未完全從輪迴中解脫，因為他們仍有受生的可能。

　　寂天在下一首詩偈中說：「只要一個人的心還無法免於執某些事物為真實或實有的這種傾向，就無法免於執著，也就無法免於貪愛與貪欲。」

尚未瞭解空性的心或許可以暫時停止活動，但是就像從無想定起座一樣，將會再次生起。因此，必須修習空性。（第48偈）

　　只要一個人仍有貪欲，再次受生的條件就仍然存在於這個人的心續中。因此，若心續中缺乏空性的瞭解，那麼束縛一個人於輪迴中的這些因素將會再度產生。

　　這就像某人保持在一個無分別或沒有思考的狀態，當他從那種全神貫注的狀態出來時，分別思考的過程會再開始。因此，為了到達「完全從執著事物為實有的所有傾向中解脫」，瞭解空性是必要的。

即使要解脫輪迴也必須瞭解空性

　　依照彌亞‧袞綏的注釋，這些詩偈的敘述為：
「即使要從輪迴解脫，瞭解空性也是不可或缺的。」因
此，這些詩偈和「關於瞭解空性的不可或缺性」這個
論題有關。這個爭論是由小乘行者所提出，當他們
問：「透過運用四聖諦的教法，我們就能夠從輪迴解
脫，因此瞭解空性有何必要呢？」根據這部注釋的解
讀，第44-48偈的意思是，假如佛陀教義的根本是由阿
羅漢所組成的寺院團體，那麼在沒有空性教義之下，
不僅證得佛地的完全覺悟狀態，甚至連要證得從輪迴
解脫，都是不可能的。只要我們的心仍被客觀化的傾
向所束縛，就不可能證得解脫。

　　假如有任何人說：「藉由僅僅從事於觀修四聖諦
的十六特徵，例如無常等，以及藉由否定有情為獨存
與本質真實的這種做法，我們便能夠證得解脫。」中
觀宗將會根據「對這種粗顯層次的無我的瞭解，不能
引導至完全解脫」這個理由，駁斥這個主張。小乘者
宣稱為完全解脫者的阿羅漢，實際上並不是一個阿羅
漢，因為那個人在心續中仍然有執著現象為真實或實
有（法我執）的傾向。這樣的人將會表現出例如貪欲
的情緒與分別，而且也會顯示業行的結果、習慣的模

式等。

　　小乘或許仍然會主張：「這樣的一個人，由於他瞭解無我的力量，所以已經免於貪欲了。」然而，中觀宗會堅決主張：「小乘關於貪欲的概念並不完整，因爲只和粗分、粗顯及自覺層次的貪欲有關。」在阿羅漢的心中，仍然有細微形式的貪欲，依照小乘的定義，這些不被小乘視爲煩惱。然而，就像小乘接受無明有兩種形式，一個是輪迴根本因的無明，以及一個更細微的無明 -1-；同樣地，我們也能安立兩種形式的貪欲，即一個更粗顯、自覺狀態的貪欲，以及一個更細微形式的貪欲。因此，即使在這個（小乘）所謂的阿羅漢的心中，仍然存留細微的實有執。由於這個細微的實有執，因此在他們心續中存在其他像是欲望與貪愛等細微實有執所衍生的蒙蔽狀態。只要心裡仍存有把事物客觀化或執爲實有的任何一種傾向，就不能夠說我們已經從欲望及貪愛中解脫出來。

　　僅瞭解粗顯層次的無我是不夠的，必須瞭解人與法（現象）兩者的自性空。只要缺乏對於空性本質的這種深刻洞見，雖然粗顯層次的負面情緒與思想會暫時消退，但是因爲這種潛能仍存在於我們的內心，因此這些情緒與令人痛苦的思緒將會再次產生。所以，瞭解空性不僅對於達到圓滿覺悟而言不可或缺，甚至

-1-
根據四部宗義的說法，毘婆沙宗與經部宗這兩個小乘宗派均認爲「無明」有兩種：「帶有煩惱的無明」（具染無知）與「不帶有煩惱的無明」（不具染無知）。

連從輪迴中證得解脫也是如此。

應成派與自續派對於空性的瞭解

　　當我們在開發空性的瞭解時，關鍵之處在於認清不同的佛教哲學學派對於空性的意義和範圍有不同的理解。中觀自續派主張一切現象（法）均缺乏實有，但當他們這麼說時，意思是指什麼呢？儘管他們否定實有，但仍然會堅持一切現象均具有某種形式的「自性」，因此接受某種程度的客觀存在。他們認為「自性」或「存在的模式」和不錯亂的認知有關。以這種方式，他們主張沒有任何存在模式是以自主及獨立於能知之心外而存在。然而，由於現象具有某種形式的客觀眞實，因此有效的認知必須是不錯亂的。相反地，中觀應成派則完全不會於現象上加諸任何程度的自性或客觀存在模式。因此，即使是中觀自續派所承認的自性，仍舊會變成中觀應成派所要否定的對象。

　　因為對於應成派而言，我們所有的一般認知，就某種意義上來說均是錯亂的。例如，我們看見瓶的覺知，對於瓶來說是有效的，也就是說，看見瓶的覺知有效地認識到這個瓶，而且它的對境——瓶——存在。但是那個覺知是錯亂的，因為它把瓶視為獨立存在，

彷彿瓶擁有某種形式的固有真實。相反地，依照中觀自續派，這種看見瓶的認知不僅對於瓶而言有效，對於瓶的固有真實而言也同樣有效。認為瓶為客觀存在且具有自性的這種視覺認知，被中觀自續派認為是有效的。而且，依照中觀自續派，有效認知的標準是，認知對境的固有本質必須是有效的。對於中觀應成派而言，瓶即使在世俗的用語中亦無有任何客觀、固有的存在，因為應成派不接受自性存在。因此，認為其對境是客觀存在且享有某種固有本質的視覺認知，是錯誤而且錯亂的。

因此，雖然這兩個中觀學派均接受空性哲學，但他們否定的範圍卻不相同。同樣地，雖然兩個學派均認為根本無明是所有煩惱的根本原因，但是他們對於顛倒認知的細微差別處卻有不同的瞭解。兩派均接受「我們的無明會導致像是渴望、貪著和執取等煩惱現行」這個事實。

因為中觀自續派相信某種固有的自性，因此他們不認為基於這樣的信念而被對境吸引是錯亂的。相反地，中觀應成派則主張這樣的吸引是錯亂的，而且是煩惱情緒的實例。由於他們在辨別所要否定的對境及定義微細無明方面存在若干差異，因此在瞭解由無明所衍生之心態的本質上，這兩個學派之間也有不同之處。

不同層次的空性──以人為例

讓我們暫停一下，並把人作為分析的對境來思考。我們可以討論人不同層次的空性。例如，我們會說「人缺乏任何恆常、獨立及不可分割的實體」（人為常、一、自在空）-2-。另一個層次的人的空性，則是「人缺乏任何自成、自證及實質的實體」（人為自己能獨立之實質有空）-3-。我們也可以談論到「人缺乏眞實有」（人為實有空）-4-，而且可以討論「人缺乏自性有」（人為自性空）-5-。因此，即使就單一現象，例如人來說，我們也可以討論不同細微程度的空性。

「獨立、單一及恆常之我」，就是「阿特曼」或「自我」，是古典印度傳統中非佛教學派所提出的觀念。這個「我」，據說獨立存在於身心兩者的組合體之外，而且這樣的我被認為是享有實體的統治者或支配者。否定這樣的我，便是人無我的一個層次。空性的另一個層次則是人作為「人」這個術語的基礎，或眞正所指對象的缺乏或空性。人雖是「人」這個術語所指的對象，但並非以無關乎語言和思想的固有方式，而成為「人」這個術語所指的對象。人和「人」這個術語之間的關聯性，有賴於共同的約定而產生 -6-。接著還有人實有之空性，這是中觀自續派所定義之人的

空性。層次最細微的人空性是人自性有之空性，否定
了任何程度的自性人本身。

　　如此一來，有關人這樣的單一體性中，我們會發
現到五種不同等級的無我或空性。就像有不同層次的
人空性，同樣地，也有與其相反的五種層次的虛構
（增益）。這五個當中，前前較後後粗顯。同樣地，對
應於虛構的各種層次，我們也可以安立由虛構的各種
層次所衍生的像是牛氣、憎恨、貪戀和忌妒等不同層
次的煩惱。

　　因此，在這些詩偈（第44-48偈）中所要說明的
是，根據小乘學派所瞭解的煩惱情緒和想法，是相當
粗糙且不完整的，僅克服這個層次的煩惱情緒及想法
的人，「不能」被稱為一位已經從輪迴獲得解脫的阿
羅漢。寂天認為，依據小乘的說法，一個人或許已經
克服了如小乘學者所定義的無明，但因為這個人尚未
斷除執著一切現象為自性存在的無明，因此這個人的
心續中仍然存在著「將來會顯現為情緒與分別、由執
著一切現象為自性有的無明所衍生」煩惱的狀態。因
此，這樣的人不能真正從輪迴中獲得解脫。

三首額外的詩偈

　　下面三首詩偈繼續比較大乘經典和小乘經典。但是，根據印度注釋者智作慧的說法，這三首詩偈並非寂天所寫。事實上，這三首對於整個論證並沒有太大的貢獻。

假如小乘經典所包含的一切語言，你都認為是佛陀所說的圓滿話語，那麼你（小乘行者）為什麼不承認絕大部分都和小乘經典完美吻合的大乘經典為佛陀所說呢？（第49偈）

假如僅僅由於單獨一個不一致的因素，就認為（大乘經典）全部都有問題的話，為什麼不因為其中一點和小乘經典一致，就說其他部分也是佛陀的教法呢？（第50偈）

連大迦葉本身和其他人都無法揣測這個教法的深度，誰會僅僅因為你不瞭解它們，便說應該捨棄它們呢？（第51偈）

空性是關鍵

在解釋下一首詩偈方面，雖然這兩部注釋似乎又有些微差異，但我認為對於菩薩保持不墮兩邊（兩種極端），亦即輪迴邊和涅槃的寂靜邊的這個結論是一致的。

菩薩雖然停留並居住在輪迴中，但是卻脫離了任何渴望和怖畏，這樣做的目的是為了利益那些因為無明而受苦的有情，而這正是空性所感得的結果。（第52偈）

唯有透過修習空性之道，菩薩才能到達不墮兩邊的佛地。前述所有這些詩偈，目的均在證明「空性的瞭解，不僅對於證得圓滿覺悟（成佛）來說是必要的，甚至對於從輪迴中證得解脫（解脫）來說也是如此」這個中心論題。菩薩待在輪迴中，並且不為自利而尋求涅槃的寂靜。菩薩自願於輪迴中受生，這些是他們的利他想法所致，而這種想法實際上正是修習空性的結果。

寂天接著繼續說，因為我們找不到有效反駁空性的理由，因此我們毫無疑問地必須培養空性的瞭解。

由此，我們將會發現空性的教義可以免於受到一切的攻擊。因此，放下一切猶豫，讓我們觀修空性吧！（第53偈）

能夠對治煩惱障和所知障這兩種黑暗的，正是空性本身。因此，那些想要迅速證得一切相智的人，怎會不去觀修空性呢？（第54偈）

對於那些會讓我們產生痛苦的事物才應該感到害怕，對於可以止息我們痛苦的空性，又怎會感到害怕呢？（第55偈）

-7-
即「實有的我」或「自性存在的我」。

假如真有「我」-7-這樣的東西存在，便會受到怖畏的折磨。但因為「自我」或「我」完全不存在，還有什麼東西在害怕呢？（第56偈）

　　寂天說明了瞭解空性能夠對治煩惱障和所知障。因此，那些尋求佛地的圓滿覺悟狀態及一切相智的人，必須迅速培養對於空性的瞭解。

　　他進一步指出，在正常情況下，害怕的產生和讓我們感到痛苦的事物，會有正比的對應關係。但是在已經瞭解空性的人心中，沒有產生痛苦的餘地，因為

完全沒有產生的基礎。

寂天說，假如有被稱爲「我」或「自我」這樣的東西，就會有產生怖畏的基礎。然而，因爲沒有這樣的自我，因此當沒有人去經驗那個痛苦時，痛苦又從何而生呢？他要強調的重點是，假如在「我」這個術語的背後存在著某種實體的我，就會有由於這個眞實的我而起的怖畏，但因爲沒有像自我這樣的東西，則這個怖畏又會是誰的怖畏呢？

人無自性

另一個重要段落從第57首詩偈開始，其中對於建立空性提出詳細的論理。這個段落的第一個細分段落，是關於人無自性的建立。就像我前面已經提過的，空性包含「人的空性或無自性」和「法的空性」兩類。就它們的本質來說，這兩類空性之間並無絲毫細微的差別，但因爲建立空性所依賴的對境不同，因此據說人的空性要比法的空性來得容易瞭解。這點從經典說明這兩類空性的先後順序中就可以反映出來。例如，寂天的這部典籍先說明人的空性，隨後才說明法的空性。

我們應該瞭解，「自性存在」並不像身體的疾病

或像心理的障礙，可以透過覺醒的過程加以除去。自性存在並不是從過去就存在的事物，可以透過修習和觀修去除的。它從一開始便不曾存在過，但是心理障礙確實存在 -8-，因此，否定自性存在不同於去除心理障礙。可能有人會問：「假如從一開始就沒有自性存在，為什麼我們必須否定它？」雖然自性從未在那裡，但由於我們的根本無明，我們會經驗到它，彷彿是真的一般。

辨認所破之我

如此一來，當我們準備去瞭解有人空性這個段落的內容時，最重要的是要精確瞭解什麼是真正要破除的。觀修空性有賴於正確辨認所破的對象。當我們談論空性時，應該瞭解，當我們說事物是自性存在空的時候，並不像否定寺廟中存在的人一般。在這個例子中，空性的基礎，即寺廟，和所要空掉的人，兩者是不同的體性。但是，在否定自性存在的脈絡底下，所要否定的正是那個對境本身「表面的存在方式」。

當我們談到「無我」或「無自性」時，其中的「我」或「自性」指的是什麼？月稱在他對於聖提婆《四百論》所撰的注釋中提到，在無我的脈絡底下，

-8-
「自性存在」雖然不存在，但是「自性存在的執著」卻是存在的。

「我」指的是「一個獨立、自主的存在」。無論我們以什麼事物或事件為例，假如加上獨立、自主並具有自性真實的存在方式的話，那麼那個所認知到的特性，便會變成「我」，即所需被破的對象。這種存在的方式，就是我們在無我教法的這個脈絡中所要否定的對象。

月稱為「我」所下的這個定義，可以從他對《四百論》的某一首特定詩偈所撰的注釋中看到，其中提到沒有任何事物或事件是透過自力而存在。更確切地說，唯有依賴其他因緣才能存在。因此，事件和事物不具有任何獨立和自主的實體狀態，這樣的狀態就稱為「我」。因為所有事物和事件均缺乏這樣獨立、自主的存在，因此稱為「自我存在之無或空」。

我們心中產生的「我的感覺」或「『我』的想法」，具有不同的面向。在《入中論》中，月稱提及「我的感覺」有兩種層面，注意力的焦點僅僅集中在「我」之上的認知，以及執「我」為自性存在的對象。後者才是我們所要否定的對象，而非前者。月稱說，我們把注意力集中在「名言之我」上面的這種「我的感覺」，是我們一切行為和經驗的主體。接著，聚焦在那個我上，我們執它為自性真實。執我為自性真實，會把我們帶進一切各式各樣的困惑與煩惱中，而月稱

說，這個執著正是瑜伽行者必須辨認並盡力要斷除的。

　　運用一些哲學術語，可以區分「顯現境」-9- 和「指涉境」-10- 之間的差異。然而，透過簡單的反省，假如僅僅注視我們對於「自我」或「我」的一般感覺，可以察覺內心強烈執著我的那種感覺、一個視「我」為某種自性存在之實體的信念。在我們對於個人身分的感覺中，視之為自主、單一者的這種信念，是強烈且出自於本能的。章嘉·若悲多傑 -11- 寫道，有些跟他同時代的學者似乎相信，有一個獨立存在的我「在外面」要被破除，而對於他們本身的「俱生我執」卻絲毫無損。然而，沒有任何一個所要否定的對象會在俱生我執所緣的我之外。在我們一般常識經驗中所呈現的我，包含了一切所要否定的對象。如果對於空性的瞭解就像底下這樣，當我們致力於「我」的否定時，只是陷在文字遊戲中，而使用像「真實存在」和「自性存在」這樣古怪的術語，將會面臨到讓本能執取原封不動且無法觸及的「我」的危險。我們或許會去尋求一個想像出來的我，但事實上卻和我們與生俱來的我的感覺毫無關係。如果掉進這個陷阱圈套中，將無法成功地否定這個所破之我，只會讓俱生我執毫髮

無傷。我們設法要否定的，充其量只是層面非常粗顯的否定對象。

　　偉大的宗喀巴說，在中觀哲學中，最困難的莫過於在否定了一切現象的自性存在之後，還能保持世俗諦的世間眞實。誠如我稍早提過的，我們內心很自然地會產生的一個疑慮就是：「否定了一切現象的自性存在之後，我如何能夠前後一貫地思考並談論？」這個問題點出了哲學上的難題。區分「顯現境」和「指涉境」是有用的，這可幫助我們精確地不去破斥目前所生存的我 -12-。假如全然沒有這樣的名言之我，爲什麼要嚮往覺悟？爲何要尋求圓滿之道？這樣做將完全沒有意義，因爲將沒有人證得解脫和圓滿。

　　依照宗喀巴的說法，除了直接瞭解空性之外，我們一切的知覺與經驗皆被自性存在的執著所汙染。必須徹底辨認所破的對象，並運用個人的經驗，檢視俱生之我的感受如何在內心以本能的方式產生。還必須小心質疑我們的經驗，假如所破之我存在的話，會以什麼樣的方式存在？我們對於這個虛構之我長什麼樣子，應該至少有某種感受。唯有透過小心檢視我們眞正經驗這個我的方式，才能瞭解空性的證悟如何能斷除自性存在的執著。

-12-
即「名言之我」。

-13-
consciousness，此處即
「俱生我執」或「無明」。

在《四百論》中，聖提婆說輪迴的種子是「認知」-13-，而且唯有透過理解對境（這個例子中的認知）的無我性質，才能根除那個種子。當我們深層瞭解沒有自性存在時，對於產生各種情緒之對境的煩惱，例如生氣和貪愛，程度肯定會有顯著的下降，彷彿空性的理解鬆開了煩惱對我們的箝制。

在任何人們的聚會中，每一個人都有自己的畏懼、希望和問題；我們看到了心理狀態的多樣性。無論我們覺得這些各式各樣的狀態多麼強而有力，卻都缺乏依據或堅實的基礎。這些狀態雖然缺乏自性，但卻顯現為彷彿有一個堅實的基礎，幾乎就像一位技術高超的魔術師所展現的魔術般。事實的本質經過究竟的分析之後，居然找不到。聽起來很奇怪，不是嗎？

在日常生活中，我們努力工作的動機經常是由發怒、驕傲和貪著等強烈的情緒所發動。強烈情緒所指向的對境原貌究竟是什麼？假如我們去尋找的話，會發現嗎？有任何事物真的可以被我們發現到嗎？這就是必須質疑日常生活經驗的方法。然而，假如由於你批判式的思考，而得到「因為沒有自性存在，所以即使尋求佛果位也沒有任何意義」這樣的結論，就表示你正開始不知不覺地陷入斷滅論中。

種敦巴 -14- 曾經說過，在空性的範疇中，手是空的，而且火也是空的；但是在世俗的範疇中，如果你把手放進火裡，火仍然會把你燒傷。我認為這個說法是非常正確的。假如你走向一群說著「嗯，每個事物就像幻相，每個事物就像夢境，沒有任何一個事物是真實的」的人們，並且用針刺他們，他們會有什麼樣的反應？讓他們發現是否有一個真實存在的事物！我並不是要說明一切事物不存在。事物和事件確實存在，它們的確影響著我們苦樂的經驗。這裡所要說明的是，這些事物並非以我們所認定的方式而存在。

我的不可得性

在我們的「真實存在的執著」（實執）中，有兩種類型。第一種是俱生或本能的實執 -15-，這種執著不僅在人類的心續中有，甚至在動物的心續中也可以發現；第二種我執則是透過論理過程或哲學思考而產生。第二種形式的執著就是大家所熟知的「經由理智獲得的我執」-16-。輪迴的根本是第一個「自性存在的俱生執著」。為了根除俱生或本能執著，我們首先可以斷除經由理智所獲得的執一切現象為自性存在的執著，作為一個輔助或步驟。

-14-
Dromtönpa，阿底峽尊者的首要弟子，為噶當派的開派祖師。

-15-
即「俱生實執」或「俱生我執」。

-16-
即「偏計實執」或「偏計我執」。

就像我說過的，和其他人或世界互動，以及苦樂的經驗，很明顯是存在的。然而，在我們對於自我的本能經驗的根本上，有一個深信自我是單一、自主且享有某種自性真實的潛在信念。假如這樣的自我真實存在，那麼當我們尋找它時，應該能夠發現它，而且我們愈去尋求這樣的我的真實性，就應該變得愈來愈清晰。這個自我的確不是獨立存在於身心兩者的組合體之外，但也不是以呈現在我們面前那種本能、俱生之自我的方式存在。假如一個自性真實的自我存在，那麼應該存在於能構成一個人的身心諸蘊中。換句話說，我們應該可以在身心之中發現到「我」。

龍樹在他的《寶鬘論》中說，人不是地元素，也不是水、火、風或空這些元素，也不是存在於這些元素之外。因此，假如我們去尋找這個人或自我，將無法把它定位在身體的組成要素中。因此，如果我們試圖把這個自我定位在認知的相續中，也將無法在該處發現到它。認知是人「的」認知；認知不「是」人。同樣地，人不是身體和認知的組合體，或組合體的相續。假如我們去尋找「人」或「自我」這個術語背後真正指涉的對象，我們無法在身體的各個部分中個別地發現，也無法在認知的任何一個剎那中發現。我們既不能在身心組合體中發現，也不能在身心組合體之

外發現到它。簡言之，在身體與認知的相續中，我們找不到任何可以確定為「人」或「自我」這個術語真正所指涉的事物。

　　龍樹在他的《中觀根本慧論》-17- 中說，如果我們去尋找「如來」這個術語背後真正指涉的對象，那麼即使是如來，亦即我們培養敬信與奉獻的佛陀，同樣也找不到。佛陀的身心諸蘊不能視為佛陀（不能跟佛陀劃上等號），在他的身心之外也無法找到佛陀。佛陀並非以自性的方式具有諸蘊，諸蘊也不是以自性的方式作為佛陀成立的基礎。當我們透過這樣的分析去尋找時，結果是：即使佛陀，我們也找不到。當我們說事物與事件是空的時，所要表達的真正意思是什麼？因為一切事物與事件是由因緣，即不同於一切事物自己的其他因素聚合而成，因此缺乏任何自成、獨立的性質。缺乏任何獨立的性質或自性的真實，就是空性。認為空性是某種與事物和事件分離的本體論（實體論）範疇，則是一種誤解。因此，回到寂天的論典後，我們發現他下一個要關注的是一連串的思考，也就是分析身體各個部分，並質疑身體的每一個成分是否為人。

-17-
即《中論》。

牙齒、頭髮、指甲不是「我」，而且「我」也不是骨頭或血液；鼻涕和痰不是「我」，而且它（我）也不是由淋巴和膿水所組成。（第57偈）

這個「我」不是身體的油脂或汗水，肺臟和肝臟同樣也無法構成它（我）。內臟（內在器官）既不是「我」，身體的糞便和排泄物也不是「我」。（第58偈）

肌肉和皮膚不是「我」，身體的溫度與呼吸也不是「我」。體腔不是「我」，而且我們也不能說「我」位於六種認知中。（第59偈）

　　下面我們將會看到寂天繼續對於各種層面的認知和其他存在因素進行一連串的思索，並進一步探詢，是否這些之中的任何一個可以被視為真正的人。

觀修

　　現在嘗試去觀修空性。就像寂天在他的典籍中提到的，很顯然地，假如我們去尋找這個「我」，是找不到的。然而，這並非暗示這個我是不存在的，因為我們知道，從個人的經驗來說，會經歷痛苦和安樂。我們知道是某種事物或某人擁有這些經驗，然而，如果要去尋找，是找不到的。因此，我們所得到的結論是，這個自我只能說是以概念指定的方式，以名字的方式存在。以這個思想為基礎，試著去檢視事物，包含你自己，是如何呈現在內心中的。是以彷彿只具有名字的狀態呈現呢？還是以不同的方式呈現在你面前？當然，不會僅以名字真實的方式呈現，而是會呈現出具有某種客觀、自性的存在，亦即自己方面存在。不會以概念指定而存在的方式呈現，而會呈現出享有客觀、獨立的狀態。經過我們深思熟慮之後，所達到的結果便是「事物並非以所呈現的方式存在」這種深刻信念。

　　當我們處在緣空性的根本定時，你甚至不應該在「這就是空性」或「我正在觀修空性」這種感覺停滯不前。取而代之的是，你應該設法專心一致地保持在

「唯缺乏自性存在」，亦即透過嚴格探究尋求時，一切
現象「不可得性」的這個狀態中，而且應該是你的心
彷彿已經變得和空性融合了一般。你不應該有任何正
在觀察「就在該處」的某個事物這種「主客二元對立」
的感覺。像這樣，現在觀修空性幾分鐘。

第八章 「我」的本質與存在

修習智慧

在瞭解空性的基礎上建立悲心

龍樹說「菩提心」，即「利他之覺心」（為利眾生願成佛的想法），是覺悟的根本，應該透過瞭解空性的智慧來輔助。因此，如果渴望成就圓滿覺悟（成佛），就必須在內在實現那個成就的根本或基礎。這個利他之覺心，其根本是大悲心，而作為其輔助與增強因素的，則是瞭解空性的智慧。菩提心、大悲心和空性慧這三個要素，構成了朝向圓滿覺悟之道的核心。透過修習佛道的這三個要素，我們可以達到一切相智的狀態；缺少它們，則成佛無望。可以說，佛道的這三個層面，是成佛的充分必要條件。

我們已經討論過空性的見解，以及瞭解空性的智慧如何能夠根除根本無明，並由此引導我們從痛苦中解脫。正是透過空性的瞭解，才能夠辨認出執著一切現象為自性存在的無明之心是扭曲的。因為這是心的一種狀態，所以可以被去除。因此，解脫的潛能原本就存在於一切有情的內心。一旦瞭解自性存在的空性，那麼，要對一切有情，也就是由於對實相本質根本無知而身陷輪迴中的那些有情，開發真正強而有力

的悲心感受，也是有可能的。

悲心的力量

　　當然，就佛教的修行者來說，悲心對他們的精神之道是很重要的。一般而言，我們也可以說，一個人愈有利他心和悲心，這個人就愈能夠為完成其他有情的福祉做出承諾。即使從個人自利的觀點來說，一個悲心愈強烈的人，會愈有勇氣且更堅定。所有世界的主要宗教都同意悲心的重要性，不僅高度讚美，而且還對於如何提升悲心投以極大的關注。在這些偉大宗教的教義中，存在各種開發悲心的修行方法。當然，在哲學及形上學方面存在著不同之處，而且由於這種差異，因此在如何定義悲心方面、有關其範圍的瞭解等，也有些許差異。然而，所有這些偉大的傳統都一致強調悲心極度重要，而且悲心的修習和我們開發同理心、分擔他人痛苦的天賦本能有關。

　　當我們有悲憫心時，似乎也會有更大的勇氣和決心。為什麼會這樣呢？我認為這是因為當我們心中有悲心時，不會只專注於自己的壓力與衝突，相反地，會傾向於更關心其他有情的痛苦和福祉，同時基於自己的經驗，更能體會他人的痛苦。如此一來，我們的

觀點，以及甚至在某些情況中，自己的苦惱、疼痛和問題等經驗也會隨之改變。原本看起來似乎令人無法忍受的事物，也會顯得沒那麼重要，甚至微不足道。因此，對於一個有利他心和悲憫心的人來說，會感覺到他變得更能忍受自己的問題和衝突，於是這些逆境便較沒有力量來擾亂我們內心的平靜。

　　悲憫心融合了深切關懷其他有情福祉的感受，是透過論理的思維，以及有系統地培養思考過程而達成。這種強而有力的想法或許會伴隨著其他有力的情緒，但是當這樣的情緒產生時，幾乎沒有任何空間讓這些情緒來擾亂我們的內心。這是因為這些情緒有論理的思維作為基礎，也就是說，人類的智能在情緒的發展上，扮演舉足輕重的角色。相反地，在日常生活中，經常會遭遇導致我們情緒爆發的情況和經驗。我把這些對於微不足道的事件所起的反應視為煩惱，是因為它們只會引起內心的不安，並且讓內心失去平衡。如果我們的心續融合了悲憫的想法及善心，那些平常會讓我們產生強烈情緒反應的逆境，便不再能夠激怒我們，會有一種根深柢固的穩定度。

分擔他人的苦難

　　有時候人們把悲心視同憐憫的感覺，因而把產生悲心的對象看得比自己略低一等，我不認為這是正確的。真正的悲心必須從認清「其他有情就像我們自己一樣，也要幸福且希望克服痛苦」中產生。以此為基礎，當我們面臨別人的苦難時，真正的同理心或和自己息息相關的感受才會產生。這是真正的悲心，我們會覺得別人幸福與否是我們的責任，並且會深切關心別人的福祉。因此，對於自己和別人之間是完全平等的這點會有基本的體認，也才會真正尊重別人想要離苦得樂的這種天生的渴望，以及體會他們實現這個渴望的權利。

　　當悲心產生時，由於我們深思過別人的痛苦並分擔這些痛苦，所以這個痛苦在某種程度上有可能會擾亂我們內心的平靜。因此，我們或許會問：「當我們培養悲心時，豈不是讓自己承擔了額外的痛苦？」我認為這是一個重要的問題，必須嚴肅思考。

　　首先，我覺得「我們與生俱來所忍受的、屬於自己生命循環一部分的疼痛和苦難」，以及「由於我們自願去分擔別人的痛苦而經驗到的疼痛和苦難」兩者之間，存在著極大的差異。在我們自己痛苦的情況中，

我們是毫無意義地忍受疼痛及苦難，而且對於所經驗的痛苦毫無主宰能力。而在分擔別人痛苦的情況中，內心的平衡或許會因此而受到些微的波動，但是因為我們是為了一個特定的目的而自願取受這些痛苦，因此對內心的影響跟前述情況相比是截然不同的。我不認為我們會完全被苦難與疼痛所擊垮。不僅不會有感到極度痛苦的負擔，我認為在內心深處，反而會有因為自信心增強而產生的一絲喜悅。

　　為了開發像悲心這樣具有極大精神價值與利益的有力心態，只是思維別人的痛苦是不夠的。重要的是要先思維自己的痛苦，並且對於其無法忍受培養深刻的感受。當這種感受加深而且變得愈來愈強烈時，你將更能夠用同理心體會別人的痛苦。一般而言，當我們看見處在劇苦中的有情時，自然而然會對他產生憐憫心。然而，假如看見一位在我們眼中、從世俗的角度來說，是成功的、有錢、有勢而且擁有許多朋友的人，我們不僅不會憐憫這樣的人，甚至還會覺得羨慕，這就表示我們對於人類存在的痛苦本質瞭解得還不夠深刻。因此，對於自己存在的痛苦本質先產生一個深刻的洞見，才是最重要的。

循序漸進之道

　　我們不應該只體認到「顯而易見之苦」-1- 才是令人不快跟討厭的，還必須體會到「變異之苦」-2-，以及最重要的，「涵蓋一切（六道）且受到條件（煩惱與業）限制之苦」-3- 也是我們所不欲的 -4-。這裡的重點是，我們必須投入一條按部就班、循序漸進之道。因此，我們需要一條結合「分析修」和「專注修」的途徑。因為悲心是內心的一個特質，而且由於這個心的相續是永無止盡的，因此，如果長期依循這條結合分析修和專注修之道，那麼你的精神修習將會獲得一個穩固的基礎。

　　透過串習的力量，這個穩固的基礎會變成內心的一部分。相信輪迴的人看著來自相同家庭的兩個孩子，會說他們擁有從過去生中所帶來的不同習性傾向。我們說這個小孩有著某種習氣，而另一位小孩則有不同的傾向。雖然對於這一期的生命來說身體是新的，但認知卻是由前世延續而來的。就這層意義來說，一般相信心續中的這些特質要比身體更穩固且持久。

　　另一方面，人們擁有其他特質，例如運動技能，是完全取決於身體的。但是不論我們如何提升這個能

-1-
即「苦苦」或「苦受」。

-2-
即「壞苦」或「有漏樂受」。

-3-
即「周遍行苦」或「捨受」、「不苦不樂受」。

-4-
上述這三種苦通稱為「三苦」。

力，終究有它的極限，而不是毫無限制的。例如，一位運動員不論天賦多麼好，他就只能夠跳這麼遠。不僅如此，這些特質只有在體能狀況維持顛峰時才能持續，無法被帶到下一世，而心的相續的確可以持續下去。因此，一個以心為基礎的特質，比一個以身體為基礎的特質更持久。

因此，透過心的訓練，像悲心、慈心和瞭解空性的智慧等這些特質，均能夠被開發出來；透過不斷串習，可以把這些特質發展到極致。雖然一開始我們也許要花很大的力氣，不過一旦跨越某個門檻，這個發展就會變得自發、自然且自成，不需要更進一步的努力。這就是為什麼這些特質可以被無限開展。

若中斷我們的運動訓練，就必須重新經歷整個訓練過程才能讓技能恢復到原先的水準。然而，一旦心的特質發展到自動自發的程度時，我們或許有很長一段時間不去管它，但是只要稍微專心一下，就可以回復到先前的水準。這兩個特質之間的差異，是由於心理與生理之間的差異所致。

透過這個方式，我們可以瞭解內心經由生生世世不斷發展的情況。即使你在這一世沒有太大的進展，但因為心中習得的這些特質會被保存下來，因此未來這些習氣會被喚醒。

　　爲了無限提升我們悲心的潛能，空性的瞭解是不可或缺的。從個人的經驗可以得知，當內心處在困惑、不確定和無知的狀態時，即使只是很短暫的時間，也會覺得不快和痛苦。相反地，倘若心中充滿智慧和洞見，雖然遇到一件非常惱人的艱鉅任務，也不以爲苦。因此，透過培養空性以提升智慧，這點很重要。爲了這個目的，必須研讀像寂天的《入菩薩行論》等這類描述空性教義的典籍。

評注

駁斥非佛教徒的我見

　　我們現在透過寂大反駁各種哲學學派，特別是「數論派」所主張的我，來繼續討論人的空性或無自性。數論派認爲「我」是「一個獨立、自主的認知」。而這裡所要否定的另一個學派的見解是「勝論派」，他們主張「我」的見解是「一個物質、自主和獨立的實體」。這兩種我見在第60-69首詩偈中遭到駁斥。

　　駁斥這些「非佛教學派所主張的我」的細節，我不打算著墨太多，但某個背景脈絡則是必要的。數論派有關「我」的理論，其重點是把實體的類別分爲二

十五個範疇，其中的二十三個範疇是由一個名為「原質」-5- 的範疇（即第二十四個範疇）的「化現」，剩下的最後一個範疇（即第二十五個範疇）則是「我」，被認為是「一個自主實體的認知」。二十三個範疇被認為是「我」所享用的對象。數論派聲稱，只要我們還未覺悟，便會昧於「所有這些範疇均是由原質所創造出來的」這個事實，而且我們會因此一直處在多樣化和二元對立的世界中。然而，他們說，當我們瞭解這些範疇事實上是原質的化現時，那麼「我」便會獲得解脫，而且二元對立與顯現的世界會消失。這部論稍後會特別談論破斥數論派的「原質」觀念，他們把「原質」定義為「由中性、正面及負面等三種力量達到平衡狀態」。這裡，寂天僅僅破斥他們關於「我」的見解。

根據數論派的說法，「我」之所以「能享用」是因為它是經驗苦樂的主體，諸如此類。「我」是恆常的，因為不被產生，而且不會死亡。「我」缺乏任何功能，因為「我」不是一切各式各樣化現的創造者。因為「我」不具有中性、正面與負面這三個基本層面的性質，因此它沒有這些特性。「我」的這些特性正好和「原質」形成對比。因為「我」是涵蓋一切的，就它本身而言，沒有任何特定的功能。在本質上，

「我」是一個認知。因為「我」是不可分的，所以是一個單一的實體──無窮、無限且遍佈一切。這些就是數論派想像或杜撰出來的「我」的特性。在下面這些詩偈中，寂天讓我們注意到數論派這個我見中自相矛盾之處。當然，如果你真的碰到一位博學的非佛教印度學者，他或許會提出許多論證來為這個見解辯護！

　　這些詩偈的開頭是，假定聽覺是這個恆常之我的話，數論派怎能說恆常之我具有認識的功能呢？

寂天：「如果聽聲的認知是恆常的，那麼它理應隨時聽到聲音才是。假如沒有任何對境的話，那是什麼在認識什麼呢？你是基於什麼理由來說明『認知』的呢？」（第60偈）

寂天：「如果認知是指『無法認識者』，那麼木條理應也是認知了。因此，當『所要認識的事物』（即對境）不存在時，很顯然將不會產生認知。」（第61偈）

　　你怎能把認知的屬性加在這個「我」上面呢？這樣的主張會導致「假如我是聽見聲音的認知，那麼聲音應該隨時都可以聽見」這樣的結果。反過來說，假

如你主張：「即使對境，例如聲音，不存在時，認知依然存在。」那麼一塊木條照理也應該是認知了，因為認知不需要對境。但事實上你必須承認：「如果沒有認識的對境，便不可能有認知。」

　　寂天繼續說：

你（數論派）說：「但是聽覺可以轉而認識形色。」

寂天：「但是為什麼之後它（聽覺）會停止聽見聲音呢？」

或許你（數論派）會說：「因為聲音已經不在那裡了。」

寂天：「如果是這樣，那聽覺也同樣不存在了。」（第62偈）

寂天：「聽覺怎麼會轉變為視覺呢？」

你（數論派）回答說：「同一個人，可以是兒子，也可以是父親。」

寂天：「但這些（兒子及父親）只是名稱，他的本質則並非如此。」（第63偈）

寂天：「因此，『正面力量』、『負面力量』、『中性力量』並不帶有父親或兒子的性質，而且我

們也的確從未見過視覺可以聽到聲音的這種情況。」（第64偈）

你（數論派）將會說：「但是就像演員，他可以扮演不同的角色。」

寂天：「若是如此，那麼這個認知就不是一個恆常不變的事物。」

你（數論派）會說：「它是帶有不同形態的同一個事物。」

寂天：「那麼，這個同一事物的確是前所未見的。」（第65偈）

你（數論派）聲稱：「但是這些不同的形態並非真實。」

寂天：「如此一來，你現在必須描述它（不同形態）的本質。」

你（數論派）說：「就是認知本身，因此一切有情均是同一個事物。」（第66偈）

寂天：「有心者和無心者同樣均為同一個，因為兩者同樣都存在。假如不同的特徵（不同形態）都是虛假的，那麼支撐這些虛假表象的基礎是什麼？」（第67偈）

　　底下接著破斥勝論派有關「我」的理論。在這個
見解中,「我」被認為是「一個無生命的物質實體」。

寂天:「我們主張,無心的事物不能夠是『我』。
因為『無心』的意思就是『物質』,就像瓶一
樣。」
你(勝論派)說:「但是當這個『我』和心結合
時,它就擁有認知了。」
寂天:「但是這會和它不具有認知的本質相牴
觸。」

寂天:「而且,假如這個『我』是永不變易的
話,當它和心混合在一起時,心會對它產生什麼
改變呢?而且我們都會一致同意這樣的『我』,就
像虛空般毫無作用且無心。」(第69偈)

世俗之我的連續性

　　下面第70-77這一小段詩偈,是寂天針對那些反對
自我空性的人所作的回答。其中一個反對是,假如
「我」不存在,那麼「業果律」會變得無法運作。這是
其他學派對於中觀宗否定其他學派主張的「我」的一
個反駁。

你（其他學派）説：「假如『我』不存在，那麼行為（業）如何能和它的結果（果）連繫在一起？如果行為完成之後就不再有作者了，還有誰去接受果報呢？」（第70偈）

　　這裡的關鍵點是，假如我們不接受從前世至今世、並且延續其相續到來世的一個持久、恆常的我，那麼甚至在同一世中，「造業者」和「經驗業的果報者」之間也不會有任何關聯。其他學派反駁，如果沒有「我」，我們如何能斷言這兩個人（造業者和經驗業的果報者）為同一個人？假如他們不是同一個人，就會違反「業果律」的根本原則。

　　根據業果原則，未造業就不會遇果。相反地，每個人不可避免地都必須面對他們的業行結果，除非這個業行的力量被某種方式 -6- 抵銷了。因此，如果造業的人和經驗業果的人是兩個不同的人，就會和業果律相牴觸。

　　在下一首詩偈中，我們可以看到寂天對於這個反對的回應。

寂天：「造業者和受果者是不同的。因此，在領受果報時，已無『我』造業者了。關於這點，你和我都一致同意，還有什麼好諍論的呢？」（第71偈）

-6-
例如「四力懺悔」：追悔力、對治力、防護力和所依力。

「因中有果」這種情況是根本不可能看到的。只有在同一個心相續的脈絡中，我們才能夠說造業者將來會獲得果報。（第72偈）

換句話說，業行是原因，這個業行的成熟則是結果。然而，從「時間」的觀點來說，過去造作業行的人和現在經驗其結果的人，兩者身分不是同一個而且不相同。其中一個存在於某個特定時間，另一個則存在於另一個時間。

要在時間上保持他們的身分為同一個而且相同，甚至會和我們一般的世俗認知及經驗相牴觸。他們的關係保持為同一個人，是因為他們共享著同一個存在的相續。雖然這個人經歷著剎那剎那的變化，但依然維持基本的相續。

可以舉自己身體的相續為例。從生理學的觀點來說，現在所有的細胞和我們年輕時完全不同，在細胞組成的層次上已經全然改變。事實上，這個改變就是我們所說的衰老過程。年輕時那麼美麗有吸引力的人，後來變得佈滿皺紋而且不具吸引力。然而，從相續的觀點來說，還是同一個身體。因此，我們可以說：「當我年輕時，我讀過怎樣怎樣的一本書。」

　　假如基於心相續這個基礎而採取同一個個體的身分，我們便可以經由時間更進一步去追溯這個相續。例如，由於高度開發的覺知，可以回憶起過去世，然後我們可以說當我如此這般時，我出生在這裡，而且我們能夠透過較長的時間架構談論同一個人的相續。基於認知的這個相續，我們能夠談論業與果報之間的關係。

　　對於像寂天這樣一位中觀師來說，沒有自性存在的我；「我」被認為是名稱上的約定。從這個觀點，我們可以談論我的不同層面。例如，我們可以談論「來自於前世的我」和「這次特定生命中的我」是相同的；也可以談論一個特定的人，比方說「從種族來界定，如西藏的我」，或者可以談論「一位受過具足戒比丘的我」。因此，即使基於同一個個體，我們可以談論不同層面的我。在特定個體的情況中，我們可以說他是「一個男人」、「一個西藏人」、「一位佛教徒」、「一位比丘」、或者是「一位受過具足戒的比丘」等。雖然所有這些不同層面的我均屬於同一個相同個體，但是他們並不會全部同時形成，這些身分是在不同脈絡及情況中逐漸形成的。

　　因此，從相續的觀點，就某種意義來說，我們可以保持這個我是恆常或永恆，卻不會和這個我是剎那

刹那變化相牴觸。從刹那刹那變化的觀點，我是瞬息萬變且無常的。因此，在維持「從相續來說，是永恆；然而從瞬息萬變的這個角度而言，是無常的」-7-這點上，並沒有互相矛盾之處。當然，我說這個我是常，並不是指它是不變化的意思。

心是我嗎？

因爲中觀師接受一個在身和心的基礎上透過名稱安立的我，那麼這個我可以被視爲和心完全等同嗎？在各種不同的佛教哲學學派中有一些的確主張，透過究竟分析，認知就是我。例如，印度祖師清辨在他的《中觀心論釋：思擇燄》中說：「實際上，意識（第六意識）的相續是我。」中觀應成派不同意這個見解。根據他們的觀點，不論是在身相續或認知等這些命名的基礎上，完全沒有任何事物可以被視爲我或人。

例如，寂天問：「假如我們把認知視爲我，那麼我們要選擇哪一個？」

那些現在已經逝去的想法，以及那些尚未來臨的想法，這兩者都不是我；那麼，現在產生的想法是我嗎？

如果是這樣的話，當想法消逝時，這個我也隨之
消失無蹤。（第73偈）

　　「我」是過去的認知、或者是未來即將來臨的認
知、或者是現在的認知？過去的認知已經終止，而未
來的認知尚未來臨。假如認知的現在這一瞬間是我的
話，因為它是剎那剎那變化，一旦它停止存在，那麼
這個我或人也將隨之停止存在。此外，假如認知是
我，那麼主體（我）和客體（認知）的觀念將變得站
不住腳。此外，我和它（我）的認知也不能夠說有任
何關係，因為在究竟的分析中，認知「就是」人 -8-。

-8-
「關係」只存在於兩個不
同的事物之間，同一個事
物本身是沒有關係可言
的。

維持相對的世界

　　寂天接著簡短地說，就像香蕉樹，無論我們如何
剝它的皮，也不能發現任何的核心。

例如，我們可以拿香蕉樹，從纖維切開，卻無法
發現任何東西。
同樣地，分析修將無法發現「我」，找不到潛在的
我。（第74偈）

同樣地，當我們在身體、感受、想法和認知等這些蘊（聚合體）中尋找這個我的時候，所發現到的，就只是「我的不可得性」。在我們的存在中，沒有真實核心可以被視為真正的我。

下一個提出來反對中觀宗否定我的異議是：「假如我不存在，就沒有有情；假如沒有有情，我們要對誰修習悲心？」

你（其他學派）將會說：「假如有情不存在，那麼誰將會是我們修習悲心的對境？」
寂天答：「為了崇高的目標，立誓去救度那些由無明 -9- 所安立的有情。」（第75偈）

-9-
如底下所述，此處的「無明」並非一般所謂的「實有執」，而是指「名言量」或「世俗的有效認知」。「實有執」是修行所要斷除的對象，但「世俗的有效認知」則不僅不是修行所要斷除的部分，而且還是能夠瞭解世俗諦的認知。

寂天透過「因為沒有獨立存在的我，因此沒有獨立存在的有情，但是在相對真理（世俗諦）的架構中，有情是存在的」這個說明來回應這一點。這裡所說的「無明」，寂天並不是指「執著自性存在」，並非位於我們尚未覺悟之輪迴根源中的「根本無明」。他所說的內容在月稱《入中論》中可以發現到類似的敘述，其中說明天地萬物（世界）是這個無明之心的產物。寂天說，在我們每天所經驗到的世俗世界有效性的相對真理（世俗諦）這個架構中，我的確是存在

的。因此，我們可以對那些存在的有情產生悲心，而
且這些有情的確正在受苦。

　　寂天接著考慮下一位反對者所提的問題：「假如
沒有有情，就沒有達成目標的修道者了，不是嗎？」

你問：「因為沒有有情，所以誰得到修行的成果
呢？」
寂天：「沒錯！這是在無明（世俗的有效認知）
中所立下的誓願。但是為了完全止息痛苦，不應
該捨棄這個由無明（世俗的有效認知）所設定的
目標。」（第76偈）

　　寂天承認這點是完全正確的，但是說：「如果我
們不滿足於世俗世界的有效性（世俗諦），並且尋求超
越它（世俗諦）的情況（勝義諦），將無法發現到任何
有情。然而，在世俗世界的架構中，則有有情在受
苦。因此，為了從痛苦中獲得解脫，我們可以投入一
條將會導致去除無明這個因的道。」無明是一個執著
事物與事件為自性存在的無知的心。就本質上來說，
這裡所要說明的是，我們必須根除讓我們產生痛苦、
困惑等的無明這個因，而不是要根除世俗世界的真實
（世俗諦）。相對的世界或因果的世界，並不是我們要
否定的。

　　我們現在可以提出這個問題，就是，如果世俗世
界的真實（世俗諦）並不是我們要否定的，我們豈不
是要在世俗中接受事物與事件具有某種形式的客觀、
獨立的狀態，也就是，我們可以指出某物是術語和觀
念所指涉的真正對象了，不是嗎？你的意思是不是這
個也不應該否定？

　　痛苦的源頭是執「我」的傲慢，是由錯誤地相信
「我」而受到滋養及增長。你（其他學派）或許會
說沒有補救的方法了，但是（我們中觀宗會說），
觀修無我將會是最好的方法。（第77偈）

　　寂天透過「執著存在形式的確是痛苦的源頭，而
且會讓我們產生瞋恚、貪欲和迷惑」這個說明來回應
這個問題。而這些情緒反過來又促使我執更增強，這
個無明我執之心是我們必須去除的。

　　雖然我們或許會同意必須去除這個執著，但是會
許有人會問，真的可以去除嗎？如果可以的話，如何
去除？寂天的回應是，我們「可以」去除這個無明，
因為我們可以發展和無明相反的心態，亦即空性的洞
見。這個洞見和我們執著一個不存在之我的心的方式
直接相違。因為實際上並沒有這樣的我，所以這個看

穿實相本質的洞見覺察並不存在。因此，觀修在論理
上牢牢建立的空性，可以去除執著自性存在的無明之
心。

∾ 觀修 ∾

　　現在觀修悲心。關於這一點，首先觀想一個有情
正經歷著強烈的疼痛或苦難，聚焦在那位有情身上，
並且發展「就像我一樣，那個有情也具有想要樂而不
欲苦的這種天生的渴望」這種想法，而且他們不僅希
望克服痛苦，也有能力做到這一點。然後提醒自己，
痛苦的根本原因就是執著自性存在這種產生誤解的
心、一個能夠被去除的扭曲心態。這可以因生起空性
而達成。觀修這些潛能，然後我們應該發展對於一切
有情的深刻悲心，並試圖提升內在的這種能力。

　　以這些思想為基礎，將焦點集中在一個有情，然
後逐漸擴充觀修至其他有情，例如你的鄰居。然後進
一步擴展，看看是否也可以涵蓋不喜歡的人，例如那
些曾經傷害過你的人。仔細體會他們的感覺。無論他
們用什麼行為對我們，去思維：「就像自己一樣，他
們的天性也是想要趨樂避苦。」

　　因為一切有情都有這個渴望離苦得樂的基本平等

性，因此我們可以開發同理心，以及對於每一位有情的強烈悲心。在朋友、敵人及路人等特定有情上聚焦，我們可以將悲心擴展到每一個人身上。這一點非常關鍵，否則會有「我們可以對憑空想像的有情發起悲心，但是對於直接接觸的有情，特別是我們的鄰居，卻仍然無法生起任何悲心」這種想法的危險。這種差別對待的態度，可能會在我們心中產生。在觀修時，試著意識到這個實際的問題。

第九章　法的本質

評注

整體及其部分

-1-
或譯為「四念處」。

-2-
參世親《阿毘達磨俱舍論》
T29, no. 1558, 23,
118c。「如何修習四念
住耶？謂：以自、共相觀
身、受、心、法。身、
受、心、法各別自性，名
為『自相』，一切有為皆
非常性（無常），一切有
漏皆是苦性（苦），及一
切法空（空）、非我性
（無我），名為『共相』。
身自性者，大種造色；
受、心自性，如自名顯；
法自性者，除三餘法。」

寂天接著說明法無自性或法無我。首先以四念
住 -1-，即身念住、受念住、心念住、法念住，來說明
法無我。因此，根據寂天的這部典籍，我們首先深思
自己身體的本質。這個可以透過觀修身體的一般性質
（共相）和特殊性質（自相），而完成 -2- 包含了像是衰
老的過程和構成身體存在的不淨物質。但這裡我將不
涉入這個觀修的細節。

　　一般而言，觀修身念住或深思自己身體的本質，
是小乘典籍中所解釋的修行方法。但可以將此觀修擴
充到猶如虛空般數量無限的有情之身、受、心、法的
本質上，如此一來，這種觀修便會成為依循大乘道訓
練內心的方式。當我們觀修身、受、心、法這四個要
素的空性時，則是在訓練自己把焦點集中在勝義諦的
念住觀修上。

　　關於以空性為所緣的四念住觀修，《入菩薩行論》
提供我們一個有系統的練習。以我們的身體為例，是
由許多不同的「部分」，如頭、手臂、腳等所組成；另
外，還有作為完整單位的「整體」，也就是身體。一般

來說，當我們想到「身體」時，所顯現到我們的內心，至少在表面上，彷彿有可以指出來的一個得以觸摸的、單一的實體。基於這個一般常識，我們能夠討論身體的各種特性及各個部分。換句話說，基本上我們覺得彷彿有一個叫做「身體」的事物，而且可以談論它的組成部分。但是，假如離開身體的各個部分而要尋找這個「身體」，便會瞭解實際上我們無法找到。

　　這就是寂天在下面兩首詩偈中所要表達的意思。

被我們稱為「身體」的，並不是雙腳或小腿，同樣地，這個身體也不是大腿或腰部。既不是腹部，當然也不是背部，而且身體也不是由胸部和雙臂所形成的。（第78偈）

身體不是肋骨、雙手、腋窩、肩膀、腸子或內臟；不是頭部或咽喉：這些中沒有任何一個可以構成身體。（第79偈）

　　我們會有身體是單一實體的這種觀念，並且珍惜寶貝它。但是，如果更仔細地探究，會發現身體既不是雙腳，也不是小腿、大腿、臀部、腹部、背部、胸部、雙臂、雙手、軀幹的一側、腋窩、肩膀、頸部，也不是頭部或任何其他部位。因此，什麼地方能夠發

現到「身體」呢？另一方面，假如身體等同身體的各個部分，那麼我們把身體視爲單一實體的這個概念將會站不住腳。

如果「身體」逐步地涵蓋並且遍佈到各個部分，那麼它的各個部分的確存在於各個部分，但是就「身體」本身來説，它存在於何處呢？（第80偈）

如果單一且完整的「身體」存在於手和其他部分，那麼不論手和所有其他部分有多少，你便會發現到同樣數量的那些「身體」。（第81偈）

　　假如這個被稱爲「身體」的單一實體，是等同於或獨立存在於每一個個別的部分中，就像身體的各個部分一樣，這個身體也將變成許多個。

　　寂天繼續説，因此，這個身體既不是以等同於身體的個別部分的方式存在，也無法離開或獨立於這些部分之外而存在。

如果「身體」不是存在於這些部分之外或之內，那麼如何存在於它的這些部分之中呢？而且除了這些部分之外，並沒有任何基礎，因此，我們怎能説身體獨立存在呢？（第82偈）

因此，在各個肢分上沒有「身體」，但是由於錯覺和對於特定形狀的附會，的確會蹦出這樣的概念，這就像我們把稻草人誤認為人類一樣。（第83偈）

因此，這個身體怎麼會是自主、獨立和自存的呢？假如小心檢視身體的本質，會發現除了我們基於各個部分的聚合所給予的「身體」這個名稱之外，沒有任何事物是身體。我們或許會問：「那麼，身體是什麼？」由於燈光、對境的外觀等環境條件，有時候會把特定的形狀誤認為人類。

寂天說，同樣地，只要具備適當的條件和因素，就會造就出有人的感覺，然後，在那個基礎上，透過名稱而得到身體這個概念。

只要各方面的條件具備，身體就會呈現出來，並且看起來像一個人。同樣地，只要所有部分存在，我們將會看見身體就在那兒。（第84偈）

但是，如果我們去尋求「身體」這個術語背後真正所指涉的對象，將一無所獲。這個結論的重點是，經過究竟的分析，「身體」僅僅是一個依賴各種原因和條件而形成的、屬於世俗諦的約定俗成的產物。

　　上述分析也可以擴充到身體的各個部分，就像寂天在下面兩首詩偈所描述的一樣。

　　同樣地，因為手是由五根手指所組成，因此，手本身不是單一實體。由許多關節構成的手指也是如此（不是單一實體），而且那些關節本身也是由許多細部所組成。（第85偈）

　　這些細部本身將再細分為原子，原子又可依照其方向進一步區分，這些碎片細分之後也找不到（實有的碎片）。因此，原子就像虛空一般無實有。（第86偈）

　　當我們談論到手的時候，會發現它也是一個眾多部分的組合體。假如手是以自性和獨立的方式存在，這就違背它具有依賴其他因素的這個本質。倘若我們去尋找手本身，則無法在形成手的各個部分之外發現到手。就像手一樣，手指也是一個組合體，因為當我們將它細分時，便失去手指的存在。身體的任何部分也是如此，也就是，如果我們去尋找名稱背後真正指涉的對象時，終將一無所獲。

　　甚至當我們把這些部分細分至它們的基本要素，即分子、原子等時，這些部分也變成不可得。甚至可

以從原子表面的方向性這個觀點，繼續區分這些原子本身，我們會再次發現「原子」這個觀念只是內心建構出來的產物。如果再進一步細分，會發現物質或原子這個概念變得站不住腳。任何事物若要被稱為物質，其特徵就是它必須具有許多部分。一旦我們超越那點並進一步細分時，剩下的除了空性之外，沒有任何事物。

對於我們一般常識的觀點來說，事物和事件的呈現彷彿它們具有某種形式的獨立與客觀的狀態。然而，就像寂天在下一首詩偈中所指出的，如果去尋找這種現象的真正本質，最終會到達它們的「不可得性」。

所有色身就像夢一般，因此有哪一位智者曾去貪著它呢？這個身體並非以（實有）這樣的方式存在；所以，什麼是（實有的）男性？什麼是（實有的）女性呢？（第87偈）

因此，我們可以瞭解，關於生氣和貪著的對境而言，沒有任何絕對的事物。在究竟的層次中，既沒有任何事物是可愛和完美的，也沒有不可愛和令人厭惡的。所以，事實上我們毫無理由對於事物和事件產生

極端的情緒反應。因為當我們透過一絲不苟的分析去尋找時，並無法發現這個身體，因此，在身體存在的這個基礎上所給予的稱號，例如性別和種族的差異，在究竟上也無實體。現在，我們有什麼理由對於不同性別和種族的人產生極端且不同的情緒反應呢？

事物如何存在？

當我們檢視內心這些來來去去、屬於現象方面的情緒經驗時，一般說來，會呈現出一切事物與事件都具有獨立和客觀的真實。這種情況在像生氣這種負面情緒時更是如此。我們會在對境上增加某種實體性，如此一來，對境會以更鮮明的對比、以一個非常固有的真實性呈現在面前。事實上，並沒有這樣可觸摸的、固有的對境。然而，我們必須問，假如這些對境是不可得的，是否意味它們全然不存在呢？並非如此。當然，它們的確存在。問題不在於它們「是否」存在，而在於「如何」存在。它們存在，但並不是以我們認知到的那種方式存在。它們缺乏任何各別的、自性的真實。這種缺乏自性存在或空性，就是它們的究竟本質。

在尋求術語和概念所真正指涉的對象時，過程並

不是那麼複雜，而且當我們透過這樣一個過程，要得到事物和事件是不可得的這個結論，也不是那麼困難。但是，透過這樣的分析確認一切現象的不可得性之後，所得到的這個不存在，並非究竟的空性。一旦到達事物和事件的這個不可得性時，接著可以問，它們究竟是以什麼樣的方式存在。於是我們會瞭解事物和事件的存在，必須從它們相對的觀點來瞭解。而且當我們瞭解事物和事件是彼此依賴的，因為它們的存在有賴於原因和條件（因和緣），同時也只是名稱時，會開始瞭解事物和事件缺乏獨立或自決的力量。我們清楚看見它們依賴其他因素的本質。只要任何事物的存在，純粹是依賴其他因素或由其他力量所主宰，便不能說它是獨立自主的。因為獨立和依賴彼此是互相排除的；此外，也沒有第三種可能性。

　　瞭解「中觀師不會僅僅因為當我們透過一絲不苟的分析尋找事物時找不到它們，便說這些事物是缺乏自性存在的」這點，是很重要的。這還不是完整的論證。我們會說事物和事件缺乏自性或自性存在，是因為它們純粹是在依賴其他因素的情況下才存在。這才是真正的前提。這個論理形式排除了兩種極端，一個是虛無論（斷滅論）的極端，因為我們接受互相依賴

的這種觀點的一個存在層次（世俗中有）；以及實有論這個極端，因為我們否定了現象的自性存在（實有）。

　　佛陀在經典中說過：「依賴各種條件而形成的任何事物，具有無生的本質。」（諸法緣生即無生）-3- 其中，「無生」的意思是指什麼？我們當然不是在談論像是兔角這類不存在事物的無生本質；同樣地，我們也不是要否定世俗層面的事物和事件的產生。我們所要說的是，依賴各種條件的一切現象，具有空性的本質。換句話說，依賴其他因素的任何事物，就沒有自己獨立的本質；而欠缺一個獨立的本質，就是空性。

　　龍樹在他的《中觀根本慧論》中說，任何事物和事件都是依賴而生（緣起），都是空的（空性），因此也是依賴名稱安立的（假名）。他說，「緣起」就是遠離實有論和虛無論這兩種極端的「中道」。在這個敘述之後，緊接著如下的詩偈說：

沒有任何事物不是緣起，因此沒有任何事物不是自性空。

　　龍樹總結，沒有任何事物不是空的，因為沒有任何事物不是緣起。在這裡，我們見到了緣起和空性之

-3-
即《楞伽經》。

間的對等關係。

　　當我們在《入菩薩行論》中讀到關於事物和事件的不可得性這些內容時，不要讓自己被牽引到虛無論中，這一點很重要。「由於沒有任何事物真實存在，因此完全沒有任何事物存在」的這個結論是錯誤的，必須避免這個極端。

修習智慧

超越理智的瞭解

　　「對於空性的理性瞭解」不同於「對於空性的完全瞭解」，因為後者沒有諸事物之緣起的認知 -4-。在龍樹的《經集論》中引用佛陀於經典中所說的：「假如在我們觀修空性的狀態中，即使只有極細微的肯定成分，例如『這是空性』或『事物必須存在』，那麼我們仍然陷於執著之網中。」一旦牽涉到空性的禪修經驗所認知的內容，必然是完全融合於「純粹否定」中，即缺乏自性存在的範疇中。在那個禪定狀態中，應該沒有肯定的成分。

　　然而，當你對於空性已經得到非常深刻的瞭解時，原先對於有和無的想法將會開始改變。在這個階

-4-
「對於空性的理性瞭解」指的是「瞭解空性的比量」，這種認知還是屬於凡夫層次的認知，而所瞭解的對象，除了空性（勝義諦）之外，還有其他世俗的緣起法（此即下文提到的「肯定成分」）；而「對於空性的完全瞭解」則是指「現觀空性的現量」，此時的認知是處在見道位以上聖者的根本定當中，此時的對境除了空性（此即下文提到的「純粹否定」──缺乏自性存在），不會有任何世俗緣起法呈現出來。

段，即使對於熟悉的對境，在你的覺知中，以及對它們的態度上，也將會看到顯著的差異，你將會辨認出它們的如幻本質。也就是說，當「事物雖顯現為實體和自主，但並非以這種方式存在」的這個體認開始露出端倪時，意味著你正確實達到在經驗上瞭解空性的狀態。這就是所謂的「覺知事物猶如幻化」。事實上，當你對於空性已經得到深刻的瞭解時，便不需要花額外的力氣去獲得這個洞見。在你深刻瞭解並經驗現象的空性之後，事物將會自然而然地以如幻如化的本質呈現出來。

當你對於空性的瞭解加深，並且成為空性的完全經驗時，將不只能夠僅憑藉思維緣起便肯定現象的空性，而且對空性的確定也將強化你在因果有效性這方面的信念。以這種方式，對於空性和緣起兩者的瞭解，將會增強並且相輔相成，在你的證悟上產生強而有力的進展。

你或許會認為，當你的瞭解以這種方式加深時，已經到達即將成為圓滿覺悟這種高階證悟的門檻了！但這絕對不是這種情況。在最初的階段，亦即在所謂的「資糧道」階段，對於空性的瞭解仍然是推論的方式。當進一步深化你對於空性的瞭解時，發展另一個心所，即專注一境的能力 -5-，是非常重要的。運用分

-5-
即「五別境」心所當中的「三摩地」或「等持」心所。「何等三摩地？謂：於所觀事，令心一境為體；智所依止為業。」參無著造；玄奘譯，《大乘阿毘達磨集論》T31, no. 1605, 664b.3。

析的途徑，雖然也可能達到心一境性，但是更有效且更容易的是先具有心的穩定度，然後再利用這個穩定度去深思一切現象的空性本質。無論如何，達到止是必要的。一旦你已經得到止，便可以運用這個穩定的心去觀修空性。透過這種方式，你會達到「止觀雙運」。

現在，你已經到達「加行道」了。從這裡往上，在觀修空性的根本定期間，主客二元對立的顯現將逐漸減少。這種二元對立逐漸降低的情況，將會在直接且完全無分別地瞭解空性時 -6- 達到頂點。像這樣沒有二元對立和執著自性存在的狀態，就是所謂的「道諦」。到了這個階段時，你已經成為一位聖者了。

道諦會導致「滅諦」，即止息特定階段受蒙蔽的狀態及煩惱。這時，我們會有一個不透過媒介、直接經驗對「法寶」的認知，即三種皈依境之一。只有在這個階段，才真正第一次有機會對法寶說「哈囉」。為了證得圓滿覺悟，仍然必須往這個道的隨後階段持續邁進。在資糧及加行這最初兩個道期間，完成了第一個無數 -7- 劫所要累積的功德。透過以到達「道諦」為始的前七個菩薩地，完成了第二個無數劫所要累積的功德。在第八個菩薩地時，我們終於克服所有煩惱的情緒和思想。然後，我們經歷「三淨地」，亦即第八、九

-6-
即現觀空性的「見道」階段。

-7-
即根據世親造；玄奘譯，《俱舍論》第3品的「八十中大劫，大劫三無數」，其中的「無數」或「阿僧企耶」、「阿僧祇劫」並非「不可數」的意思，而是六十數當中的最後一數（六十位數），亦即相當於10的59次方。

和十這三個菩薩地。之所以稱為「淨」，是因為他們已
解脫一切煩惱的垢染。在這三地期間，完成了第三個
無數劫所要累積的功德。由此可以得知，要成就圓滿
覺悟，需要花很長的一段時間。

　　在菩薩第十地的最後階段，我們產生非常強而有
力的空性慧，甚至能夠對治過去煩惱和被汙染心態所
形成習氣形式、傾向和深刻印記，這種情況在證得一
切相智或成佛時達到頂點。

承諾與勇氣的重要意義

　　如上我們可以看到證得覺悟的一個有條不紊的
「計畫」，不需要在黑暗中毫無方向地摸索。整個道的
規劃，以及和在無數劫期間所累積功德的關聯性，為
我們指出了一個清楚的方向。修道者必須清楚這個事
實，並且設法在這個基礎上培養精神追求的深刻決心
與承諾。如果修行上再輔以密續金剛乘的方法，那麼
在進道的過程肯定會健全且基礎更穩固。

　　反過來說，如果一想到三無數劫，整個人就灰心
喪志，而想要透過密續的修習為自己尋求一條更容易
的道，這種態度是完全錯誤的。而且，這將反映出你

對於修法的承諾並不是很堅定。關鍵在於，要有一種
準備經歷三無數劫的承諾和勇氣，去圓滿覺悟所需的
條件——如果有必要的話。以這樣的決心和勇氣為基
礎，開始踏上金剛乘道，那麼你進道過程的基礎將會
非常堅實有力；否則，就像建造一座沒有堅固地基的
龐大建築物一般。密續的進道過程無疑是非常深奧
的，能否運用它，端賴於行者本身有無能力。

　　當然，我在這裡說的都是基於個人的觀察。我過
去也覺得三無數劫太長，這個時間架構長得似乎無法
想像，超出我所能接受的範圍，但是在密續（密教）
中對於獲致覺悟所需時間的預測似乎比較容易處理。
金剛乘道的迅速程度理所當然具有其特殊的吸引力。
但是，我的看法，特別是對於三無數劫時間架構的看
法逐漸改變了。我慢慢地被經典（顯教）的進道途徑
所吸引，真正開始看出它在深化精神修習方面所帶來
的巨大利益。

評注

受念住

　　其次是「受念住」的觀修。寂天透過分析受的空性來說明，相關的詩偈如下：

如果痛苦本身是真實的，為什麼所有歡樂不會因而消失無蹤呢？如果安樂是真實的，為什麼美味不能讓處於極度痛苦的人感到舒適和愉悅呢？（第88偈）

如果受會因為被更強烈的事物覆蓋而無法經驗到的話，我們還能夠把缺乏受之特性的事物稱為「感受」嗎？（第89偈）

或許你會說，只剩細微的痛苦存在，粗顯形式的痛苦目前已經被覆蓋掉了；或者更確切地說，所感受到的就只有安樂。如果是這樣，所剩的細微痛苦又是什麼呢？（第90偈）

如果因為對立事物的存在，疼痛和憂傷便無法現行的話，宣稱「經驗到（疼痛和憂傷）」的這種信念，必然只是空話。（第91偈）

　　如果痛苦和疼痛的感受獨立存在，它們便不需要依賴其他因素，而歡樂的經驗將不可能發生。同樣地，倘若幸福獨立存在，將可以阻止悲傷、疼痛和身體不適的發生。假如歡樂和安樂的感受以自性的方式存在，即使一個人遭受難以忍受的悲劇或疼痛時，仍然能夠如往常般從食物中得到同樣的樂趣和舒適。

　　因為感受位於知覺作用的本質中，它的存在必然和境遇有關。我們也可以發現，在個人的經驗中，不同的知覺作用能夠覆蓋彼此。例如，如果我們被強烈的悲傷所俘虜，它可以滲透到我們的整個經驗中，並且讓我們無法經驗到任何歡樂。同樣地，如果我們感受到強烈的歡樂，它也可以彌漫到我們的經驗中，使得不幸的消息和災難不致引起我們鄭重的關切。

　　但是，如果我們堅持潛藏在所有這些苦、樂底下的，是一個被稱為「感受」的獨立事物，那麼中觀宗會回應：「這個事物不就是依賴像因、緣等其他因素而生的嗎？」如此一來，有獨立感受的這種觀念，只是一種想像、幻想。沒有任何一個獨立存在的感受不具有苦、樂、捨的本質。也就是說，沒有知覺作用或感受的本質不是這三種基本經驗形式的任何一種。

　　建立一切現象缺乏自性存在之後，寂天繼續說：「我們應該運用這樣的瞭解來對治我們的實有執。在這

個特定的例子中，就是指我們把感受執著爲彷彿它們
具有獨立實體的這種想法。」

因此，對治的方法就是觀修和分析。觀察和所得
出的專注力，便是瑜伽行者賴以維生的食物。
（第92偈）

這種專注於「受之空性」的觀修，就像產生空性
之洞見的燃料。在第九品的一開始，寂天便提到，首
先我們必須培養專注一境的心而達到「止」（奢摩
他），然後產生具有穿透力的「觀」（毘鉢舍那），透過
「止觀雙運」，觀修者將能夠從事專注於空性的深奧瑜
伽。「瑜伽行者賴以維生的食物」，是指透過深思受之
空性所達到的止觀雙運的三摩地。

受 -8- 由觸 -9- 而生，後者是前者的因。

如果在感官能力和事物之間有空隙存在，這兩者
怎能稱爲「接觸」？如果之間沒有空隙，它們會
形成一體，如此一來，是什麼接觸到什麼呢？
（第93偈）

但是，如果透過仔細的分析去尋找，產生受的觸
也不以任何絕對的意義存在。這個詩偈對於觸的本質

提出分析。「觸」這個心所，被定義為「感官能力和對境之間的交會點」。當認知、對境和感官能力這三者聚在一起時，便產生了觸。寂天問：「如果感覺器官和所覺知的對境之間有空隙，那麼觸在什麼地方呢？」例如，假設兩個原子完全混合，變得完全重合，我們便不能夠談論兩者之間的差異。因此，我們來看看下面這些詩偈：

原子和原子不能互相穿透，因為它們同樣都缺乏任何體積。但是如果它們無法彼此穿透，它們便無法混合；假如它們無法混合，便沒有相遇這回事。（第94偈）

因為有誰能接受無法細分者有相遇的這種講法呢？假如你曾見過兩個無法細分者之間有接觸發生，請務必秀給我看！（第95偈）

　　寂天繼續說，不僅如此，因為認知並非物質，我們怎能把和物質有關的「觸」這個語詞，用來定義認知呢？「什麼東西能接觸到認知呢？」他問：

認知並非物質，因此我們無法談論和它的接觸。其（認知）組合也無實體，這點我們已經說明過

了。（第96偈）

因此，如果沒有碰觸或接觸，感受從何而生呢？
我們一切的辛苦、努力又是為了什麼呢？是什麼
傷害了什麼呢？（第97偈）

　　因為沒有自性或絕對存在的苦受這回事，所以誰
會被痛苦的經驗所傷害呢？因此，透過檢視「觸」，即
知覺作用（受）的因，以及透過檢視知覺作用的本
質，我們發現沒有自性真實的知覺作用或感受。結論
就是這些僅僅是依賴其他因素而存在，沒有任何事物
能獨立或自性地存在。

　　透過這樣的分析，我們得到的重要結論是，經驗
者和它的對境，即感受，這兩者皆非實有。一旦我們
看出這個真理，下一個合乎邏輯的步驟必然就是停止
貪愛-10-。下一首詩偈就是在說明這點：

-10-
「十二緣起支」當中的
「第八支」。

因為沒有實有的感受者，而感受本身也無實有；
當你清楚瞭解這點之後，怎會無法去除貪愛呢？
（第98偈）

　　寂天進一步說，當我們想到知覺作用（受）的本
質時，還有什麼理由必須聲稱有一個獨立存在的感受

或知覺作用呢？和知覺作用同時的認知或心，無法覺知這樣一個獨立自主的真實知覺作用。

本質就像夢幻一般的所見事物（境）和觸覺（觸），如果認知（識）同時產生，那麼感受如何被認出 -11- ？（第99偈）

假如一個 -12- 出現在前，另一個 -13- 在後，那麼後者只能回憶前者，卻無法直接經驗前者。感受無法覺知感受本身，同樣地，也無法被其他事物所覺知。（第100偈）

因為感受的主體無實有，因此感受也同樣無實有。在這個無我的五蘊聚合體上，苦受能傷害誰呢？（第101偈）

　　出現在感受之前的那些認知剎那，和出現在感受之後的認知剎那兩者，都無法覺知感受。因為在感受之前的認知剎那已不存在，在感受產生時留下的只是認知的習氣而已；而在感受之後的那些認知剎那期間，感受只是回憶的對境。不僅如此，也沒有感受的主體。由此我們獲得的結論是，獨立實有的感受是不存在的。受念處的觀修至此結束。

-11-
意思是說「和境、觸同時產生的認知，無法覺知觸的果（受），因為這個認知出現在受之前，當受出現時，這個認知已經滅了。」

-12-
感受。

-13-
認知。

心念處

其次觀修「心念處」。以破除心識具有任何獨立或自性真實作為開始。

心不住於感官（根）中，在外在事物（境）中——如色中，也沒有它的一席之地，而且心也不住於前述兩者之間：不在外、不在內，無論何處都無法找到心。（第102偈）

凡是不住於身體，也不住於他處，並非和身體混合，也不是和身體無關的這種事物，沒有絲毫自性存在，有情（的心的自性空），就是自性涅槃。（第103偈）

心不能存在於身體之內、作為身體或存在於兩者之間；心也不能獨立存在於身體之外。我們無法發現這樣的心，因此心缺乏自性存在。當有情體認到心的本質時，便可以證得解脫。

雖然我們知道認知是存在的，但是如果去分析它，並試圖從認知的前後相續中將它定位，這時就像我們分析身體的情況一樣，認知是單一體性的這種概

念將會消失。透過這樣的分析，我們瞭解認知缺乏自性存在。這點同樣也可以運用到例如視覺的感官經驗中，因為它們具有相同的本質。

如果認知出現在所覺知的對境之前，它（認知）是緣何而生的？假如認知和它的對境一起產生，它（認知）又是緣何而生的？（第104偈）

如果認知出現在所覺知的對境之後，它（認知）又是緣何而生的？（第105ab偈）

　　假如認知，例如感官知覺，和它的對境一起出現，如此一來，它們便無法保持前因後果的關係，亦即先有對境，然後才有瞭解該對境的認知產生。如果它們是同時的，對境要如何讓認知產生呢？

　　假如，反過來說，先有對境，然後認知才隨之而來，亦即認知是在對境消失之後才出現。如果情況是這樣，因為對境已不存在，這個認知所瞭解的是什麼呢？當我們把感官認知置於這樣的仔細分析底下時，它們就像意識一樣找不到。

法念住

因此，一切現象的產生，並非我們所理解的那種情況。（第105cd偈）

一般而言，建立現象（法）是實有的論證，就是事物和事件具有功能，其中特定條件產生特定的事物，而特殊環境導致特殊的事件。因此，我們很自然地認為事物和事件必定是真實的，也就是它們必定有其實體。事物和事件具有功能的這個原則，是「實在論者」用來聲稱它們獨立存在的關鍵前提。如果中觀宗成功地否定這些具有功能的實體的自性存在，那麼就會像龍樹在《中觀根本慧論》中所說的，要否定更抽象的體性，例如空間和時間的自性存在，會更加容易。

大部分的這些論證似乎運用到「離一與異」的中觀論理原則 -14-。例如，透過具有方向的部分，可以解釋物質現象的可分和組合本質。在認知的情況中，其組合本質主要是從諸剎那相續的觀點來解釋。關於空間和時間這樣的抽象體性，我們可以從它們具有方向性的觀點來瞭解。因此，只要事物是可細分的，亦即只要我們能夠分解，它依賴組成部分這個本質便可成

-14-
參寂護的《中觀莊嚴論》。或譯為「離自性之一與異的論理」或「離自性之一與多的論理」。例如「虛空」和「構成虛空的東南西北等各個部分」二者之間，到底是一？或異？如果虛空和虛空的各個部分二者是一，那麼因為虛空是一，所以虛空的各個部分理應變成一；或者反過來說，虛空的數量應該像虛空的各個部分般這麼多。而如果虛空和虛空的各個部分是異（毫無關係），那麼我們應該可以在虛空的各個部分之外找到虛空，但這是很荒謬的。經過觀察之後，我們會發現這兩種情況都無法成立，因為所謂的「虛空」只是在「虛空的各個部分」這個基礎上給予的名稱而已，根本沒有一個實在或自性存在的虛空。同理，「認知相續」和「構成認知相續的前中後三個部分」二者之間，到底是一？或異？如果認知和認知的前中後三個部分這兩者是一，那麼因為認知是一，所以認知的前中後三個部分理應變成一；或者反過來說，認知的數量應

立。反過來說，如果一個事物是一個實體、並以自性
的方式存在的話，這個事物將不會依賴組成的部分，
並會以一個不可區分且完全的體性存在。

觀修

隨個人的選擇觀修。你或許希望觀修空性、無常
或痛苦。

該像認知的前中後三個部
分一般這麼多。而如果認
知和認知的前中後三個部
分是異（毫無關係），那
麼我們應該可以在認知的
前中後三個部分之外找到
認知，但這是很荒謬的。
經過觀察之後，我們會發
現這兩種情況都無法成
立，因為所謂的「認知相
續」只是在「構成認知相
續的前中後三個部分」這
個基礎上給予的名稱而
已，根本沒有一個實在或
自性存在的認知。

第十章 反駁異議

～ 修習智慧 ～

二元戲論

-1-
一般簡稱為《中論》。

-2-
根據藏本《中論》，此處
的「有」、「無」依次應
改為「常」、「斷」。

-3-
從現觀空性的究竟或勝義
的觀點所說的「不生」、
「不滅」、「不常」、「不
斷」、「不來」、「不
去」、「不一」和「不異」
這八個，即是所謂的「八
不中道」。

在《中觀根本慧論》-1- 一開頭，龍樹向釋迦牟尼
佛致敬。透過他讚美佛陀的德行和向他致敬的方式，
勾勒出這部論的兩個重要主題：「空性教法」與「緣
起理則」。在兩首詩偈中，龍樹盛讚佛陀是最有權威並
且完全通曉在適當時機、依照聽眾的內心需求、心智
能力與性格，而有能力教導空性與緣起哲學的人。

在這兩首詩偈中，他說明了互相依賴而產生的現
象（緣起諸法），即事物與事件，具有生、滅、變動等
諸多特性。就「性質」來說，例如有「生」、「滅」等
性質；就「時間」而言，有「有」與「無」-2- ，以及
「變動性」，即「去」與「來」；就「身分」來說，有
「一」與「異」。所有這些特性均存在於世俗的層次。這
些特性不是事物與事件中與生俱來的究竟本質。因為
從現觀空性的究竟觀點來看，這些各式各樣的特性並
不存在 -3- 。

龍樹把空性描述為一切「二元戲論」完全消失的
狀態。當我們談到二元戲論時，當然有不同的意義。

例如，它可以指(1)「實有」：是所要否定的對象，像這樣的二元戲論即使在世俗中也不存在。二元戲論有時候也可以指(2)「執著『實有』的無明之心」及它所衍生出來的、被蒙騙的心態。當我們以這種方式來瞭解二元戲論時，雖然它們也是所要否定的對象，但執著實有的無明之心的確存在於世俗中。

有時候，二元戲論也可以指(3)「世俗特性」，例如，緣起諸法的八個特性，如生、滅等。從現觀空性的觀點來看，這些戲論並不存在，因為它們不是「實相的究竟本質」。處於「根本定」的聖者，由於沒有看見及沒有意識到這些世俗特性，因此我們說他現觀空性。然而，這並不意味著現象的世俗特性是要否定的，也不意味著這些特性不存在於世俗中。它們只是沒有被處在根本定的禪修者意識到而已，禪修者的心完全地、專注地、直接地融入空性的瞭解中。然而，這些特性的確以世俗的方式與生俱來地存在於緣起現象中。

因此，我們必須辨認「空性」，即實相的究竟本質，以及「以空性為本質者」兩者之間的差異。舉例來說，事物與事件等世俗現象，不可以稱為「空性」，但卻是「以空性為本質者」，因為是無實有 -4- 。從現

-4-
這裡的重點是「空性」和「無實有」不能劃上等號。例如，我們會說一切世俗現象都是「無實有」，但不會說一切世俗現象都是「空性」。從範圍來說，「空性」只是「無實有」的一部分。

觀空性並且完全融入那種瞭解的根本定的觀點來看，世俗現象並不存在，因為處在根本定的行者無法意識到 -5- 。

龍樹在《中觀根本慧論》中提到，瞭解空性可以終止由業和煩惱所建構出來的二元分別戲論。他說，當業和煩惱終止時，一個人就達到解脫的涅槃境地。因此，我們是從「業和煩惱的止息」，也就是煩惱完全止息、而業已經失去其投生能力的狀態這個觀點，來為「涅槃」下定義。這個人或許還帶有業的習氣，但已不會再產生新的業，因為能夠引生業的煩惱已經被消滅了。法稱在他的《釋量論》中的說明，有助於我們更深入地瞭解這一點，也就是在已經超越輪迴大海的行者 -6- 心中，雖然仍有業的習氣，但是這些習氣不會讓他再投生於輪迴，因為業的習氣助緣，即煩惱，已經被完全消滅了。

要如何實現這樣的涅槃或解脫呢？答案是，必須止息跟這個問題有關的四個因素，亦即業、煩惱、概念分別的過程和二元戲論。業由煩惱所產生，煩惱由概念分別的過程所產生，二元戲論則供應概念分別過程所需的燃料，這裡的二元戲論就是指「執著一切現象為實有的無明之心」。因此，讓有情在輪迴中受生的因是業和煩惱，唯有藉由產生空性的洞見才能斷除實

-5-
舉例來說，「用眼睛看樹葉」和「透過顯微鏡看樹葉」這兩種情況中，雖然所見的是同一片樹葉，但是眼鏡所見的結果和顯微鏡所見的結果卻大不相同。同樣地，「用世俗認知看瓶」和「用現觀空性的根本定智現觀瓶上之空性」這兩種情況中，雖然所見的都是同一個瓶，但是世俗認知只能見到瓶而看不到瓶之上的空性；相反地，現觀空性的根本定智能看到瓶之上的空性卻看不到存在於世俗當中的瓶，因為在現觀空性的狀態中，世俗的顯現均會消失的緣故。

-6-
即阿羅漢。

有執。因此，唯有產生透徹空性本質的覺知，才能斷
除執著一切現象爲實有的二元戲論。

究竟的創造者

　　昆努仁波切提到，在《中觀根本慧論》中有關止
息二元戲論的偈句，可以有不同的解讀。他說這句話
可以讀爲，不僅(1)空性的洞見可以斷除二元戲論，甚
至(2)在空性的範圍中，二元戲論亦終將平息。因此當
龍樹談到在空性的範圍中平息煩惱時，這裡的空性是
指什麼？我們不應把空性視爲一種和特定事物與事件
分離且存在於「那裡」的本體論範疇。在龍樹這首詩
偈的語境中，「空性」特別是指「心的空性」，即心缺
乏獨立、自性之存在。於是我們可以說，在這個語境
中，包含輪迴和涅槃在內的一切現象的究竟創造者，
就是心。所有由心製造出來的煩惱和內心的染汙，終
將被心的本質本身所淨化。換句話說，由心製造出來
的心靈染污等，必須使用深植於內心的方法才能根
除。佛的圓滿覺悟狀態，也是心的狀態。因此，在這
裡發現到的是，心在我們的淨化和圓滿過程中扮演著
極爲重要的角色。在《寶性論》中說：「心的一切染
污都是暫時的；也就是說，染污是可以和心分離的。

而且佛陀一切相智的所有覺悟特質均以潛能的形式存在於有情的心中。」

　　在薩迦派的文獻中有一段敘述：「在因位的阿賴耶識這個基礎上，包含輪迴和涅槃的一切現象。」因此，阿賴耶識就某個意義來說，就是「根本的俱生光明心」。所有輪迴現象都存在於那個基礎上。這是一般有情的層次，而不是圓滿覺悟者的層次。因此，這個根本認知被稱為「因位相續」。在這個因位相續中，所有輪迴現象均以其自然特性的形式而具備，所有「地道」-7- 的現象均以其特性的形式而具足，佛陀的一切相智的所有覺悟特性均以潛能形式而完備。以上總結了薩迦派瞭解基、道、果的核心方法，它描繪了一幅美麗且全面的願景。

　　因此，不論是寧瑪派的「大圓滿」、噶舉派的「大手印」、薩迦派「深明雙運」-8- 的「道果見解」，或者格魯派根據《秘密集會續》對於「心遠離」-9- 的瞭解，都在強調瞭解心的究竟本質的重要。當涉及到空性時，「心的空性」和「外境的空性」之間當然沒有任何差別。西藏佛教四個學派的觀修中均特別強調深思「心的空性」這一點，這是因為它對於修行者的內心會有顯著的衝擊。

　　當我在這個語境中提到心時，是以一般的意義來

-7-
the paths and grounds，即「三乘」（聲聞乘、獨覺乘和大乘）各自的「凡夫地」、「聖者地」和「五道」（資糧道、加行道、見道、修道和無學道）。「地道」理論源自於彌勒的《現觀莊嚴論》第一品「一切相智品」當中的「資糧正行」（智資糧正行、地資糧正行和對治資糧正行）和「出生正行」。

-8-
即定解以甚深空性為所緣，現起本尊能依、所依明如彩虹的智慧。

-9-
即「圓滿次第」的六個階段（身遠離、語遠離、心遠離、幻身、光明和雙運）的第三個。

使用這個術語，並沒有區分「心」和「本覺」（rikpa）之間的差異。我把心視爲一般術語，涵蓋所有類型的認知情況。我要強調的是，當談到分別心或二元戲論的息滅時，必須依照不同的語境來瞭解這個表達的不同意義，這是很重要的。例如，在二元戲論中，有些可以否定，有些則不能；有些存在，有些並不存在。對於語境如何影響術語的意義，我們必須審愼處理。

評注

辯護二諦

在上一個章節中，我們看見寂天解釋現象存在的本質，來反駁、批評並維護中觀的空性哲學。其對辯者則聲稱，依照中觀見解，將不可能建立「二諦」。關於這一節中根本頌的區分方式，彌亞・袞綏和袞悲堪布的注釋看法是一致的，但是他們在相關詩偈的解讀上卻存在些許差異。我將先說明彌亞・袞綏的解讀情況。

在前兩首詩偈中，對辯者質疑，因爲中觀宗主張一切現象都缺乏自性存在，因此他們不能前後一貫地（符合邏輯地）談論一切現象的身分或甚至存

在的問題。

你（對辯者）說：「假如一切現象無自性，那麼世俗現象將不會存在，這樣怎麼會有二諦呢？如果世俗現象純粹是有情的顛倒分別心虛構出來的，就意味在世俗中沒有任何有情能夠證得涅槃。」（第106偈）

〔寂天說，〕由實有執這種虛妄分別心虛構出來的世俗現象，並不是我們（中觀應成派）所主張的世俗現象的意思。如果瞭解一切現象無自性之後，還能夠透過世俗的有效認知（量），毫不紊亂地加以確定的，才是我們（中觀應成派）所主張的世俗。如果不是這樣，就不是我們（中觀應成派）主張的世俗。（第107偈）

　　寂天的對辯者質疑，假如一切現象均缺乏自性存在，一切的世俗諦，即事物和事件，將失去其身分。如果是這樣，世俗諦將不再存在。如果世俗諦不存在，甚至勝義諦也不會存在。如此一來，你如何能維持有二諦呢？

　　這個疑慮來自於對世俗諦意義的誤解。稍早我曾提到過，在世俗諦及從錯亂心這個觀點的脈絡中，是

以事物和事件具有某種形式客觀真實的角度來瞭解實相的；這有點類似於當看到盤旋的繩子時，誤認為它是蛇一樣。事實上，對於這樣的認知而言，缺乏成立蛇為有效的基礎。同樣地，實際上沒有任何東西，不論是事物或事件，是實有、自性有或從它自己方面成立的。對於這一點，對辯者提出反對：「假如沒有任何事物或事件是從它自己方面成立的話，將沒有任何東西存在。」他們繼續說：「而且如果是這樣，那你中觀宗如何能主張有情能夠證得解脫？」

中觀宗透過敘述「世俗諦是從有情的觀點建立起來的」予以回應。從認為事物和事件具有自性存在的無明之心的觀點來說，屬於世俗諦的日常世界可以說是真實的。這個觀點（認為事物和事件「具有自性存在」或「真實」）是無效的。然而，在世俗的術語中，認為事物和事件是「存在」的這個觀點，則是可以有效成立的。

世俗諦具有影響我們生活的力量，例如可以讓我們痛苦，也可以帶給我們安樂。或許有人會問：「中觀應成派在建立事物和事件為世俗真實或存在的標準是什麼？」答案是，有三個標準，取決於「唯有在破除事物和事件的自性存在之後，我們才能夠有效並前後一貫地建立它們的世俗諦」的這個瞭解。第一個標

準提到，透過有效的經驗或約定，有效地建立事物和事件。第二個標準是，它們存在的這個事實，不會違反有效經驗。第三個標準是，世俗諦並不會被「分析其勝義本質」所否定。

世俗諦完全不同於幻相，因為後者是在以其他事物為基礎的情況下才能被我們認知到。例如，在魔術戲法中，由於魔術師的咒力，我們或許會看到幻化的馬和象，但是這些馬和象即使在世俗層面也是錯誤的覺知。因此，這個馬和象的覺知，可以被其他有效經驗證明為無效 -10-。我們無須訴諸勝義的分析來否決它。有兩種類型的世俗覺知，一個有效而另一個為虛妄，對於能夠分辨真人和夢中人之間的差別來說，是非常重要的。例如，「殺死真人」和「取夢中人的性命」之間的差異在於，前者會造下一個根本不善業，後者則不會如此。但是，雖然夢中人不是真人，兩者在缺乏自性存在方面則都是相同的。因此，在否定自性存在之後，還能保持世俗諦前後一貫的方式，這一點非常重要。

但是，袞悲堪布則把這些詩偈解讀為和圓滿覺悟之心這個觀點有關。他說：「假如在證得圓滿覺悟、即特徵是消融一切的分別戲論之後，世俗現象的

-10-
亦即違背第二個標準。

真實無法維持，那麼事物、事件和世俗約定將不會是真實。」

　　在所有二元戲論均已止息中觀修，我們累積了智慧。而我們所累積的福德，是在世俗諦的脈絡中深化我們對於因果原則有效性的信解。唯有結合這兩個要素，即累積福德和智慧二資糧的道，才能成功獲致佛陀的圓滿覺悟。

　　如下一首詩偈所建議的，例如「主、客」、「能、所」、「一、異」、「自、他」等範疇，當然還有「一切現象的存在」，這些都有賴於世俗的約定，因此都是相對的。

〔寂天說，〕「分析者」和「被分析者」兩者聯繫在一起且相互依賴。所有的分析觀察都是在世俗約定的基礎上表現出來的。（第108偈）

　　現在，對辯者提出另一個反對的理由：

〔對辯者說：〕「但是，當分析過程也變成我們所要分析的對境時，這個分析同樣也需要受到檢視，如此一來，我們會發現這樣分析下去會沒完沒了。」（第109偈）

　　他們（對辯者）聲稱：「如果以嚴格分析去檢視現象的究竟本質，那麼這個分析之心本身也要接受這種究竟的嚴格分析。其次，這個分析之心，又需要另一個分析之心；後者依次又需要其他心來分析等，這樣分析下去會沒完沒了。」

　　寂天對於這個質疑提出了中觀宗的回應：

〔寂天說，〕假如確實地去分析現象，不會有任何分析的基礎（即自性存在）留下來。沒有需要更進一步分析的對境時，便止息（超越憂苦的狀態）了，這就是所謂的「涅槃」。（第110偈）

　　當所探索的客體接受嚴格的審視時，主體也會顯示缺乏任何自性真實或自性產生。這種缺乏自性真實被描述為涅槃，即超越憂苦的狀態。因此，當一位禪修者直接經驗一切現象自性存在的空性時，則不會有執著任何其他事物為自性存在的基礎 -11- 。對於處在這種狀態的禪修者而言，他不會意識到主體和客體。雖然仍有主體和客體的區別，但是因為禪修者的心完全融入於自性空，因此不需要另外去分析「能分析之心」（主體）的空性。

　　如上我們討論空性或無我的許多不同細微之處。當一個人對於空性具有粗顯層次的理解時，他的心中

-11-
因為能觀之心也在一切現象的範疇中，既然一切現象是自性空，那能觀之心當然也是自性空。

仍可能有對應於細微層次空性之我的概念。但是，如果你經驗細微的空性，亦即例如中觀應成派所瞭解的自性存在的空性，那麼只要這種定解仍在你心中，任何程度的我（自性）或我存在（自性存在）的執著便沒有產生的空間。

反駁佛教的實在論者

在下一節中，寂天透過各種學派的思想反駁執著實有的分別概念。他從分析佛教的毘婆沙宗和經部宗等實在論者的立場作為開始，他們說視覺等感官覺知（主體）和他們的對境（客體）兩者皆具有自性或實體。在以下的詩偈中駁斥這些見解。

〔寂天說，〕那些說「兩者皆為真實」者（實在論者），很難堅持他們的論點。如果靠認知之力成立對境，認知的存在又要以什麼為基礎？（第111偈）

〔寂天說，〕如果由對境成立認知，那麼反過來，對境的存在又要以什麼為基礎呢？假如兩者的存在是透過相互依賴，那麼這兩者皆將失去它們的真實存在。（第112偈）

　　實在論者堅持主體（例如，認知）和客體（例如，對境）兩者都具有眞實和實有的存在。但是，中觀宗則指出這樣的哲學見解背後的邏輯不一致和論理有缺陷而予以駁斥。中觀宗問：「如果要靠認知來建立事物（對境）爲實體，那麼你根據什麼來宣稱主體的認知本身爲實體？反過來說，如果是客體讓主體的認知成爲實體，又是什麼讓客體成立爲實體的呢？如果主體和客體是透過相互依賴而成立或證明彼此爲實體的話，那麼兩者都將失去它們的實體性。因爲如果它們是實有或自性眞實的話，將互不依賴。」接著，中觀宗透過比喻的方式來說明主體和客體是相互依賴的，而不具有任何獨立實有的存在：

〔寂天說，〕假如沒有兒子，一個男子就不會是父親的話，那麼兒子本身又將從何而生呢？因為在沒有兒子的情況下，便沒有父親；同樣地，心（主體）和客體也無實有。（第113偈）

　　在下一首詩偈中，寂天早已料到對辯者會有進一步的辯護。

你〔實在論者〕說：「植物從種子出生，因此為

什麼不從種子這裡去推論（實有）呢？
同樣地，認知從對境而生這一點，怎會無法顯示
事物的實有呢？」（第114偈）

　　對辯者爭辯：「苗芽的出現暗示了種子的存在。」
事實上，這就是實在論者的基本前提，他們主張事物
和事件的產生是實有的真實。透過類推，他們爭辯：
「因為認知從對境而生，從這一點怎麼不能顯示對境的
真實存在？」
　　中觀宗回應：「主體，或認知不是苗芽，需要認
知去推論其種子的存在。」

植物本身不同於認知，因為需要認知去推論其
（植物）種子的存在。但是什麼能顯示認知的存
在，而透過這點來成立對境本身呢？（第115偈）

　　透過什麼方法，我們可以知道認知的存在呢？這
裡所要說明的是，主體和客體是互相依賴的，因此都
不具有獨立、自主的狀態。所以，認知與其對境都不
具有自性存在，它們都是相對的。

✎ 修習智慧 ✎

論理的重要性

聖提婆在他的《中觀四百論》中提到：「假如我們追溯物質事物的起源，將會發現它們的相續是無始的。」物質事物可以有結束，但從相續的觀點來說，它們是無始的。無論是岩石和植物等外在環境或住在其中的有情，如果要追溯它們的物質起源，可以追溯至這個宇宙的起源。

根據《時輪密續》，物質可以追溯至所有物質都是空粒子的那點上。一個特定宇宙系統的形成（成）、持續一段很長的時間（住），然後分解（壞）爲一個虛空（空）。然後，從一個虛空中，一個完整的世界經由進化過程又再次出現。從佛教的觀點，這個物質宇宙有一個進化和分解的重複循環。這個過程似乎和當代科學對於宇宙的解釋，有某種相似之處。

如果我們把現代宇宙論對於地球的大小、形狀、年齡，以及和其他行星之間的距離等所作的描述，和也提到宇宙論的《阿毘達磨俱舍論》等這類佛教論典作比較的話，會發現許多矛盾之處。阿毘達磨的宇宙論似乎和得自於經驗觀察的科學解釋互相衝突。因爲

佛教徒接受論理原則，所以我們必須接受這些阿毘達磨見解違背有效知識。因此，此處呈現給我們的唯一選擇，就是捨棄阿毘達磨宇宙論為物質宇宙的一個正確描述，而接受科學的解釋。在大乘佛教中，有一個叫做「四依止」的詮釋傳統。第一個依止提到「我們不應該信賴人，而應該信賴他的作品」（依法不依人）；第二，關於作品，「我們不應該信賴語詞，而應該信賴意義」（依義不依語）；第三，關於意義，「我們不應該信賴暫定的意義，而應該信賴確定的意義」（依了義不依不了義）；第四，關於確定的意義，「我們不應該只信賴理智的知識，而應該信賴經驗的瞭解」（依智不依識）。結論是，違反論理和有效經驗的任何敘述或主張不會被支持。因此，身為佛教徒，我們必須拋棄和論理與有效經驗相牴觸的任何宗義。這是佛教的總方法論，特別是在大乘思想中。但是，判定「沒有觀察到某事物」和「觀察到該事物的不存在」之間的差別是很重要的。「推翻某事物」和「無法證明某事物」完全是兩回事，兩者間有很大的差別。

從一般人的觀點，現象分為三個範疇：明顯、稍隱蔽和極隱蔽。瞭解明顯的現象不需要論理，瞭解稍隱蔽的現象則有賴於推論，而極隱蔽的現象唯有靠「經典權威」為基礎才得以充分瞭解。一切事物自性存

在的空性是第二個範疇，即是稍隱蔽現象的例子。對於我們而言並不是那麼顯而易見，我們必須依賴合理的推論來獲得瞭解。

　　這個三分法並不是這麼絕對。某些佛教的觀念，例如色界和無色界的本質，或者一位行者在覺悟之道上需要三無數劫的這個事實，對我們而言都是極隱蔽。這些對我們而言既非明顯，也非透過論理能夠充分瞭解。在我們目前的認知層次，可用的唯一方法就是別人的證言。但是，從佛教的觀點，不能僅僅因為這個人正好很神聖或很有名，就把他的證言視為權威。因此，我們要如何決定一個人的證言為有效？必須分析這個人所說的話，檢視這個人對於明顯現象的描述是否違反了我們的有效經驗，而且這個人對於稍隱蔽現象的解釋是否可以透過邏輯推論予以成立或否定。一旦此人在前兩個範疇中的可靠程度得到信心，然後檢視這個人關於極隱蔽現象說了什麼，我們可以核對看看在前後命題之間，以及在明確與隱蔽的觀點之間，是否存在著不一致。雖然這個命題對我們而言或許依然極為隱蔽，也就是說，我們無法用直接或邏輯的方法，透過證明或否定去驗證它們的有效性，但是可以把演說者的證言視為可信賴的，因為他的言詞在邏輯分析的範圍中已經被證明為有效。

業與因果關係

　　稍早我們談論過因果關係，即原因和結果之間的關係，以及在什麼階段，有情們的業會影響因果的過程。我覺得有一個屬於一般因果法則的因果過程，而且也有一個階段是可以由有情的動機而成立的、新運行的因果鏈過程。雖然不是不可能，但是我認為要辨認這個階段是非常困難的。

　　因此，我們到底可以正確地瞭解業的相續到什麼程度？舉個例子來說，當我們燒掉拐杖時，雖然木頭消失不見了，但依然以能量的形式存在；並沒有完全消失。中觀應成派採用「滅」這種類似的概念。這個見解主張，雖然一個現象的物理存在終止，但仍以能量或潛能的型態存在。其他佛教哲學學派則認為，這個「滅」僅僅是一個內心建構出來的東西或抽象的體性。相反地，中觀應成派認為這是一種潛能的形式，在那個相續中，具有成為一個未來因的能力。我覺得科學的「能量守恆概念」，在某些方面類似於這個「滅」的觀念。

　　滅作為某種潛能的意思，是指「當一個對境的物理實體變得不存在時，但是能夠影響那個對境之相續

過程的潛能依然存在」這一點。當然，這是不同於涅
槃狀態中內心的障礙滅除的情況。因為雖然在兩種滅
中，某事物（例如，煩惱）已經結束，但是在涅槃的
狀態中，則（煩惱）不會再有潛能了，亦即不會再產
生新的內心障礙。

十二緣起支中的第二「行」支就是「業」，第十
「有」支也屬於業的範疇。但這並不意味著第二的業支
突然重新露面，而是業行所種植的潛能已經達到充分
活化且準備引伸其結果的一個狀態。因此，這裡所指
的「有」，是業行完成後遺留下來的潛能。

❧ 觀修 ❧

這個觀修集中在悲心上。光是開發希望一切有情
脫離痛苦的想法（即大悲心）是不夠的，因為有情們
沒有能力靠自己完全克服痛苦，你應該培養一種深刻
的承諾，即幫助一切有情克服痛苦。這個觀修對於發
起菩提心，即為利眾生願成佛的利他想法，是一個很
好的準備。

第十一章 破斥自性存在的關鍵論證

評注

-1-

或譯為「破四生的論理」。亦即破斥自性存在的（1）自生、（2）他生、（3）共生和（4）無因生。

-2-

或譯為「離一異的論理」。例如「車子」和「車子的零件」二者之間，到底是一？異？如果車子和車子的零件二者是一，那麼因為車子是一，所以車子的零件理應變成一；或者反過來說，車子的數量應該像車子的零件般這麼多。而如果車子和車子的零件是異（毫無關係），那麼我們應該可以在車子的零件之外找到車子，但這是很荒謬的。經過觀察之後，我們會發現這兩種情況都無法成立，因為所謂的「車子」只是在「車子的零件」這個基礎上給予的名稱而已，根本沒有一個實在或自性存在的車子；同樣地，離一異的論理通常被用來探究「補特伽羅」和「身心諸蘊」二者之間的關係，進而成立補特伽羅及身心諸蘊無自性。

在下一節的第116-150偈中，寂天提出破斥自性存在的各種論證，例如金剛屑的論證 -1- 、一異的論證 -2- 、緣起的論理和有無的論理。

「金剛屑的論證」是透過四重分析來檢視現象的「因」而破斥現象的自性存在。「一異的論證」是透過檢視現象的「基本性質」來否定現象的自性存在。這個論證還可以進一步擴展爲不同的形式，例如「五重論理」-3- 和「七重論理」-4- 。「有無的論理」分析事物與事件的結果，亦即檢視那些結果究竟存不存在。這個論證更進一步的形式則是從「因、果」兩方面來檢視，探究到底是一因導致多果，或者是多因導致一果。最後，還有「緣起的論理」，是所有論理之王。

金剛屑的論證

首先，我們從「金剛屑的論證」開始說明。這部典籍作了如下的觀察：世俗的心透過直接經驗，可以認識到各式各樣的因。舉例來說，蓮花的不同部位，像是花梗，源自於各種不同的因。

有時候，世間人的直接知覺認識到所有事物都有

因。蓮花的不同部位源自於同類的多樣化的因。
（第116偈）

你會問：「這些多樣化的因是由什麼產生？」我
們的回答是：「來自於更先前那些多樣化的因。」
（第117偈）

　　一般來說，「有」與「無」之間的差別，是基於
某物是否可以用「有效認知」成立來區分的。在存在
的事物（有）的這個範疇中，某些事物是偶然出現，
某些則永恆存在。某些事物只會偶然出現的事實，說
明了必定有讓它產生的因和緣；然而，一個永恆存在
的現象，似乎就不需要因緣這樣的先行者。因此，我
們可以觀察現象的兩種主要分類，也就是(1)需要依賴
因緣者與(2)不需要依賴因緣者。除此之外，那些偶然
出現的現象，其本質是「無常」；那些一直存在的現
象，則被稱爲「常」。

　　不論是外在的環境或是居住其中的有情，均是依
賴因緣而形成，他們不是無因而形成的。他們的因是
什麼？此外，果的多樣性必定對應他們的因。換句話
說，多樣化的結果必定有多樣化的因。是什麼導致因
的這種多樣性呢？寂天提出中觀宗的答覆，就是先前

-3-
the fivefold reasoning，
參龍樹的《中論》
XXII.1。或譯爲「五相推
求」。例如「車子」和
「車子的零件」二者之
間，到底是（1）一？
（2）異？（3）車子當中
有車子的零件？（4）車
子的零件當中有車子？還
是（5）車子具有車子的
零件？經過觀察之後，我
們會發現這五種情況都無
法成立，因爲所謂的「車
子」只是在「車子的零件」
這個基礎上給予的名稱而
已，根本沒有一個實在或
自性成立的車子；同樣
地，「車子的零件」也是
在「車子的零件的成分」
這個基礎上給予的名稱而
已，根本沒有一個實在或
自性成立的車子的零件；
這樣推論下去，不僅「車
子」無自性、「車子的零
件」無自性、「車子的零
件的成分」無自性，甚至
任何現象都無自性。五重
論理通常被用來探究「補
特伽羅」（用車子來比喻）
和「身心諸蘊」（用車子
的零件來比喻）二者之間
的關係，而成立補特伽羅
及身心諸蘊無自性。

-4-
或譯為「七相推求」。在
前述的「五重論理」之
上，再加上（6）車子的
零件的形狀即是車子？
（7）車子的零件的堆積即
是車子？這兩項。

的因的多樣性所導致。換句話說，因的多樣性的發生，是由於更前面的因的多樣性所致。第117偈的後半接著問：「這種因的多樣性是由什麼產生？」也就是說：「是什麼使因產生特定形態的果？」再一次，這個回答仍舊是：能夠如此，是由於先前的因。

　　在破斥了金剛屑論證的第一個部分，也就是事物與事件的發生是「無因」而生的概念之後，寂天接著破斥事物與事件是由「常因」而生的概念。在隨後的詩偈中，否定了把「原質」（或「自在天」）等神聖的造物者視為宇宙的一個常的最初因。

如果認為自在天是一切有情的最初因，你現在必須為我們定義它的本質。假如你只是透過這個名稱來表示各種元素，我們便無須為了爭論它的名稱而大傷腦筋。（第118偈）

　　寂天提出質疑，如果認為自在天是一切有情的因，那麼提出這個主張的人必須為它的本質下一個定義。寂天接著說，但是，假如你只是藉由自在天這個名稱來表示各種元素，即使我們中觀宗也接受這些元素是一切事物與事件的因和緣，因此，為什麼要給它一個像自在天這麼奇怪的名稱？假如自在天和這些元

素完全相同，因爲有多種元素，自在天也將成爲多種、無常與無行動性，換句話說，也就不具有神性。

然而，地和其他元素是眾多、無常、無行動性和不具神性的，是被踩在腳下的、是不淨的，因此它們不可能是一位全能的上帝。（第119偈）

〔寂天說，〕神不可能是虛空，亦即是無行動性而且是無生命的。他不能是「我」（the Self），因為關於這一點，我們已經破斥過了 -5-。他們〔自在天的追隨者〕說：「他（自在天）是不可思議的；同樣地，他（自在天）的創造力也是不可思議的。」〔寂天說，〕但是，這樣主張的目的何在？（第120偈）

-5-
參本書第八章〈「我」的本質與存在〉的第68偈。

〔寂天說，〕他（自在天）希望創造的是什麼？他（自在天）製造了「我」與一切元素了嗎？但是他（自在天）不是「我」與一切元素；而且他（自在天）本身是永恆的嗎？事實上，我們知道識是從對境中產生的。（第121偈）

更進一步地，如果自在天是一個元素，那麼他會被踩在腳底下，如此一來，自在天將會是不淨的。不

淨物怎會是上帝呢？此外，也不可以說自在天是虛空，因為他會是無行動性而且無生命。也不可以說他是「我」，因為關於這點，先前已經破斥過了。如果我們（自在天的追隨者）堅持：「自在天是一個不可思議的實體，那你們（中觀宗）便無話可說了吧！」因此，寂天便問：「這樣宣稱的目的是什麼？此外，這樣一個造物者的希望是什麼？『我』和一切元素是他製造出來的嗎？『我』和各種元素該不會是自在天本身吧？」此外，寂天指出：「但是我們知道，例如識，是從對境所生，而不是從自在天。」

寂天現在敘述中觀宗的觀點，亦即苦樂的產生是由於過去的業行。因此，他問對方：「自在天創造的究竟是什麼？」

〔寂天說，〕痛苦和快樂總是來自於業，因此，請告訴我這位神產生了什麼？而且，假如創造的因是「不生」的，這個起因怎麼會是結果的一部分？（第122偈）

〔寂天說，〕為什麼生物不會一直被創造出來，因為自在天除了自己之外，不依賴任何事物，不是嗎？如果沒有任何事物不是他創造出來的，他還要依賴什麼呢？（第123偈）

　　根據提出這個概念的人的說法，自在天是一個常
的造物者，因此他不能有開始，以致於這個「因」沒
有開始。寂天繼續問，假如「因」沒有開始，「果」
又如何能有開始呢？而且，如果因是常，我們怎能說
它產生某物？我們不能說有一因所生之果，因為要讓
一因產生一果，必須要先有一個緣讓這個因存在。因
為任何事物都是由自在天所創造的，所以自在天這個
因怎能依賴其他緣呢？反過來說，如果自在天這個造
物者有賴於諸緣，那麼果，即事物與事件，必須結合
「自在天」和「自在天的緣」才能產生，這將違背「所
有事物與事件都是由自在天這個唯一因所生」的這個
主張。

～ 修習智慧 ～

兩種因果關係

　　我想花點時間深入探究一下「業的因果關係」和
「自然的因果關係」之間的關聯性。就像寂天說過的，
實際的情況是，認知或覺知有賴於對境呈現的形象而
生。因此，認知和覺知的產生有賴於對境。「認知」
就其「光明與覺知的本質」-6- 來說，是無始的。苦樂

-6-
此即「認知」或「覺知」
（包含心和心所）的定
義。

等感受與經驗是「業」或「行爲」的產物。

　　雖然苦樂的經驗是由業所產生的結果，但是所有物質現象則是由其先前的物質因而生。就像我先前提過的，似乎有兩條平行運作的因果過程。一種是「自然的因果法則」，獨立於業之外，當有情的苦樂經驗進入自然因果法則這個畫面時，業也進入。那個時候，似乎有第二種層次自然的因果法則，即「業的因果法則」。

　　依照「上部對法」-7- 的傳統，業被定義爲「心理的事件」。然而，中觀應成派則主張「物質的行爲」或「身體的行爲」也是業。通常，業必須以「行爲」來理解。在日常生活中，我們所經驗的每一件事，幾乎都是行爲的結果。沒有行爲，就沒有生命，我們的行爲來自於追求幸福與去除痛苦的自然熱望。行爲的最關鍵要素之一，就是「動機」。當我們考慮到動機這個因素時，行爲的本質，不論是善、惡或無記，而且不論到什麼程度，都會變成一個相當複雜的問題。以一個煩惱的情緒爲動機的心態，不論是身體或語言方面，均會產生衝動，而且經常是負面的行爲，而這些負面行爲會產生對應的結果，可以從我們日常經驗中瞭解這一點，亦即可以容易被觀察得到。我們生而爲人，可以說是善業，也就是過去世累積善行的結果。

關於人類的「諸蘊」或「諸斯甘塔」-8- 的物質相續，尤其是我們的「色蘊」，起源可以追溯到目前這個宇宙的開始，而且即使在目前的宇宙開展之前，它們應該已經存在了。因此，就諸蘊的相續來說，它們是無始的。就無生命的物質相續、各個階段之間的因果關係來說，我不認為業扮演任何角色。透過正常的因果過程，前一剎那產生後一剎那，純粹是自然法則的功能。物質發生許多轉變，均是元素改變的結果。

然而，當我們談到有情身體一部分的元素時，我覺得就跟業搭上關係了。就一個元素本身的發展或起源來說，我不認為它跟業有任何關聯；但是當一個元素有能力或潛能去影響個別有情的經驗時，我認為業便進入自然因果法則這個畫面中了。從佛教天文學（曆算）的觀點，在目前的宇宙系統發展之前，已經存在的虛空粒子透過交互作用，逐漸形成較大的物質，例如次原子的粒子、原子與分子等。金剛乘典籍提到外在與內在兩種元素。內在元素最終可以追溯至最細微的元素，是以「能量風」，亦即透過細微的氣脈流動的觀點來解釋。這些典籍也承認外在元素與內在的氣脈和風之間的一種關係。大概就是在這個層次，我們才能定出它和業之間關聯的基礎。

假如業的確提供外在與內在元素之間的聯繫，那

-8-
即「五蘊」或「身心的聚合體」。

麼在這個基礎上，我們或許能夠解釋內在物質後來怎麼變成有生命而足以作為心識與知覺的基礎。我覺得透過理解金剛乘典籍中提及的細微能量風的概念，或許可以發現業與物質世界之間的關聯性。這當然是我個人的推測，不是最終的結論。

評注

延續金剛屑的論證

寂天接著解釋，假如各種因緣的聚合是事物與事件的因，那麼身為因的自在天的概念會失去連貫性，因為當各種因緣形成並聚合時，沒有其他力量可以避免結果的形成。即使自在天也必須依賴聚合才能夠產生任何事物。

假如自在天依賴因緣，那麼一切萬事萬物的因應該是其（自在天）前的因緣，而不再是他（自在天）本身。
當這些（因緣）具備時，他不得不創造；當這些（因緣）不存在時，他也毫無能力創造。（第124偈）

假如全能的上帝毫無創造的意願，但是卻創造出宇宙萬物，這表示有其他事物強迫了他。如果他「想要」創造，他便受到了欲望的主宰，這樣的造物者怎麼會是自在的全知者？（第125偈）

此外，假如自在天是在「不想要」行動（創造）的情況下行動（創造），換句話說是被強迫的話，那麼他理應受到某種事物的控制。即使自在天是在「想要」行動的情況下行動，那他仍然受到欲望的制約。在這種情況下，還有什麼所謂的神性、造物者或單一因的概念呢？

勝論派堅持常的、無法再細分的原子是物質宇宙的基礎或創造者。因此，寂天暫時先把注意力轉移到這個觀念上，並說這個見解先前已經駁斥了。

那些主張原子（極微）是常的基礎的人，他們的主張先前已經破斥過了。數論派主張：「恆常的原質是眾生的因。」（第126偈）

〔數論派說，〕當所謂的「正面」、「負面」及「中性」這三種特質處於平衡狀態時，數論派稱為「原質」；當它們失衡時，則稱之為「眾生」。（第127偈）

〔寂天説，〕三種特質處於一體（原質）是不合理的，因此，這種一體（原質）無法存在。同樣地，這些特質也不存在，因為它們的每一個也必須具備三種特質。（第128偈）

如果這些特質不存在，那麼像聲音這樣的事物將邈不可得！而且就像衣服和其他無心之物一樣，不可能產生如快樂等的感受。（第129偈）

然後，寂天把駁斥對象轉向數論派的見解，特別是數論派把「原質」視爲整個宇宙的基本造物者的觀念。數論派把原質定義爲善性（正面）、激性（負面）和暗性（中性）三力平衡的狀態，主張這是整個物理宇宙的根本因或基礎。寂天透過說明「假如原質是單一實體，我們就不能把它定義爲三種特性的一個平衡。而且這會和數論派的宗義相牴觸，因爲根據他們的宗義，這三個特性是由三個更深一層的特質所構成」來反駁這個概念。因此，寂天反駁：「在究竟的分析中，單一實體的觀念是站不住腳的。」此外，在數論派的見解中，苦受、樂受和捨受最終會變成常。但是如果它們是感受的狀態的話，豈能是常的？一個常的事物怎能用觀察得到、瞬間變化的知覺作用或感受狀態來描述呢？

其次，寂天說明數論派「每一個事物存在於它們因的狀態」的見解 -9-：

-9-
即「因中有果論」。

你（數論派）說：「但是這些事物以它們的因作為本質。」〔寂天說，〕但是我們已經探究過事物了，不是嗎？對你（數論派）而言，因是樂受等，但是從來沒有由樂受產生布的情況。（第130偈）

〔寂天說，〕相反的，樂是從布而生的，但布不存在，所以也沒有樂。至於樂受等的常性，是從來沒有這樣的事的。（第131偈）

　　寂天駁斥這個主張，因為違反我們的直接經驗，而直接經驗可以確認因果產生的先後順序。因的階段是指果尚未形成的階段，而果的階段則是因已經停止存在的階段。因此，寂天總結：「在數論派原質的見解中，特有的因果觀念和因果的前後順序會變得站不住腳。」

　　在下面的詩偈中，寂天否決了樂受、苦受和知覺為實有。

〔寂天説，〕假如樂受等是實有的話，為什麼我們無法一直感受到它們？而且如果你（數論派）宣稱它們是以細微形式呈現的話，那麼粗顯形式又如何能轉變為細微形式呢？（第132偈）

〔寂天説，〕如果捨棄粗顯形式而具有細微形式，這樣的轉化就暗示著無常的性質。為什麼不以這樣的方式接受一切事物皆具有瞬間變化的特性呢？（第133偈）

〔寂天説，〕如果你（數論派）説粗顯型態即是樂本身，顯現的知覺作用當然是無常。而在任何知覺上均不存在的東西，因為它不存在，所以無法顯現。（第134偈）

〔寂天説，〕你（數論派）雖然不想承認：「在果報現行之前有果產生。」但意思就是如此。假如結果就存在於原因中的話，吃飯會變成在吃排泄物。（第135偈）

〔寂天説，〕同樣地，原本那些花錢買衣服的人，乾脆讓他們去買棉花的種子來穿算了。你（數論派）説：「但是世間人是無知且盲目的，因為這是那些瞭解真理的人們所教導的，」（第136偈）

〔數論派説，〕這個知識必定存在於世俗中。〔寂天説，〕如果他們（世間人）擁有（這個知識），為什麼他們看不到因中有果這一點？你（數論派）説：「世間人的見解是錯誤的。」因此，他們清楚所見的並不具效用。（第137偈）

　　在下面的詩偈中，寂天以數論派的立場，對中觀宗提出一個可能的異議：

〔數論派：〕「但是假如在他們（世間人）的認知中沒有真理可言，那麼它（認知）所確認的一切必然都是虛偽的。因此，觀修空性這個至高無上的真理也不具任何意義。」（第138偈）

　　數論派或許會主張：「中觀的立場似乎接受不同類型的有效認知，例如，直接覺知和推論認知。中觀宗似乎也主張認知的這些方式，就某種意義來說是虛假的，因此不是究竟有效。」如果是這樣，數論派説：「這些錯亂的認知要如何決定日常生活中我們認為存在的那些對境？這些對境難道不會變成虛假不實嗎？」數論派質疑：「如果是這樣，豈不意味著空性本身也變成虛假不實，而觀修空性豈不是毫無用處了嗎？」

中觀宗透過接受「一般而言，由虛偽的認知所建立的對境，必然也是虛假不實的」這個論式來回應這一點。

〔寂天說，〕假如沒有所要分析的對境，便不會對這個對境的不存在執著。因此，不論是哪一種虛假的對境，都同樣具有虛假無實的空性。（第139偈）

中觀應成派主張空性的有效認知，甚至是空性，在究竟的分析中均缺乏絕對的存在。因此，中觀應成派回應：「是的，我們同意，就像認知確定空性是虛假一般，同樣地，空性也缺乏究竟的存在。」

關於這首詩偈，彌亞‧袞綏的注釋觀察到：「沒有空性是無關或獨立於對境之外的。」也就是說，「瓶的空性」必須和「瓶」聯繫在一起。不會有離開瓶之外獨立存在的瓶的空性。因此，當我們思維空性的理論時，舉一個存在的物體，即一個對境或事件為例，然後用緣起的論證去成立。因為事物和事件的存在，唯有依賴其他因素，因此是無我或自性空的。因為對境是虛假不實的，因此不是真實存在，而屬於該現象之特性或本質的空性究竟來說也是不實的，而且

究竟來說也不是真實存在的。

在下一首詩偈中，寂天用一個類似的例子進一步闡明這一點。

因此，在夢中夢到兒子死亡時，雖然認為「我的兒子已不在人世了」的這種心態將會蓋過認為「他還活著」的想法，但這兩種想法都同樣虛假不實。（第140偈）

這個例子是在說明，如果你夢到兒子死了，在夢中你會想：「現在，我的兒子已經不在人世了。」因而感到悲傷。「你的兒子不存在」的這個想法，會讓「他存在」的想法無法產生，但前者也是虛假的。

一切事物和事件都可以從世俗的觀點和究竟的觀點兩方面來分析，因而我們可以說這些事物和事件具有兩種本質或二諦，即世俗諦和勝義諦。當我們檢視像瓶這樣的對境，並且分析它是否以自性的方式存在時，所發現到的就是它的空性。當我們以空性作為分析的對境，並檢視它是否也以自性的方式存在時，所發現到的則是「空性的空性」。因此，即使是空性，當我們去分析它存在的究竟本質時，會發現它和所有其他對境一樣具有相同的狀態，亦即它也不具自性存在。

　　一般來說，空性被視為勝義諦，但是當我們把空性本身當作勝義分析的對境時，空性便成為世俗諦。空性就某種意義來說，已經「變換它的位置」，而且我們看到它也是缺乏自性存在，因此，它在這種關係的相對架構中，是一個世俗諦。

　　寂天對金剛屑的論證下一個結論：

因此，透過這樣的探究，我們瞭解沒有任何事物（果）不具有因，而且沒有任何事物（果）存在於個別的因或因緣的聚合中。（第141偈）

不來自於其他地方，既不停留也無所去。（第142ab偈）

　　關於這一點，彌亞·衰綏在他的注釋中說：「一切事物和事件的究竟本質，是超越常（實有）、斷（斷滅）概念的。」

殊勝的緣起論證

　　接下來是緣起的論理，在建立自性存在的空性方面，被稱為「一切論理之王」。被稱為一切論證之王或「論證之首」的原因是，建立空性的所有形式的邏輯論

證，不論直接或間接，均必須基於緣起這個概念。使用緣起作為邏輯基礎而建立一切事物和事件的空性，有一個獨特的優點，就是透過這個論理的運用，不僅可以避免墮入實有邊，也不會落入斷滅邊。

因此，在下面的詩偈中，寂天解釋，就像海市蜃樓或魔術的假象般，任何事物或事件的存在就某種意義而言，是虛構的，有賴於(1)事物的部分、(2)因緣、或(3)分別心的命名。就像鏡中反映出影像，當物體放在鏡子前自然就會產生；同樣地，一切事物和事件也有賴於許多因素、由於許多條件的具備而產生。

由於愚昧而視為實有的任何對象，和幻化有何差別？（第142cd偈）

由魔術的咒力而賦予形體的事物，以及透過許多原因而呈現的那些事物，我們應該問：「這些是從何而來的？前往何處？」這是我們應該要檢視的。（第143偈）

當條件具備時便產生、當條件缺乏時就不再存在的這些現象，其虛假的情況猶如鏡像一般，我們怎能視為真實存在呢？（第144偈）

　　因此，緣起可以從許多不同的層次來理解：(1)依賴因緣的緣起（依賴成立）、(2)依賴組合成分的緣起（觀待成立）和(3)依賴分別心命名的緣起（假名成立），換句話說，就是依賴語詞及概念而成立的緣起。

　　藏文術語tenjung，是由意思為「緣」（rten）和「起」（jung）這兩個音節所組成的複合詞，意味著遠離常（實有）、斷（斷滅）兩邊的中道。根據這個涵義，我們可以瞭解一切事物和事件均是依賴其他原因和條件而出現。透過顯示事物和事件不具有任何獨立的狀態，「緣」這個概念否定了絕對論；「缺乏自主」這一點，排除了實有的可能性。「起」則暗示了存在，並且確認相對世界的真實，意思是說，縱使面對空性，我們依然能維持因果、輪涅等概念的有效性。因此，「緣起」這個術語的特殊意義，在於否定絕對論和斷滅論這兩邊。

以有與無為觀點的論證

　　其次是關於有和無的生與滅的論證，主要是從效果或結果的觀點來說明。

以實有的方式存在的某種事物，還需要因做什麼？而完全不存在的某種事物，要因做什麼？（第145偈）

即使有一億個因，不存在的東西（無）也不會有任何轉變。因為如果這個不存在的東西保持它的狀態，那「有」如何產生？（第146偈）

在「無」的狀態時，如果沒有「有」，那「有」何時接著出現呢？因為只要「有」未發生，「無」本身便不會離開。（第147偈）

假如「無」不消失，「有」便沒有出頭的機會。「有」不能改變而轉為「無」，除非它有兩種性質。（第148偈）

因此，沒有「有」；同樣地，沒有「滅」。因此，每一個「有」都是無生無滅。（第149偈）

　　如果事物以獨立的方式存在，具有一個獨立和自性的存在，還需要因做什麼？假如事物自性、真實、自主地存在，因將沒有任何角色可以扮演，因為因的角色就是要讓果存在。

　　像這樣否定了自性的生和滅之後，我們獲致的結論是，唯有透過條件性來瞭解生和滅這樣的過程。當我們透過這樣的方式瞭解之後，便能夠看見輪迴和涅槃的基本特性。這是因為從它們的自性存在空的觀點來看，輪迴和涅槃之間沒有絲毫差別。

　　寂天透過下面的敘述結束這個論證：

因此，如果你仔細檢視的話，漂泊的有情就像夢和芭蕉樹一樣。在痛苦（輪迴）及超越一切憂惱（涅槃）的狀態之間，就這兩個真正的本質，沒有任何差別。（第150偈）

希求瞭解空性的智慧

　　寂天現在以觀修空性的利益來總結〈第九品智慧〉。他說，瞭解空性，首先將確保我們不會被世俗的事物 -10- 所奴役；事實上，我們將能鄙視世俗的約定。其次，我們可以在空性中修鍊我們的心而提升悲心的潛能。寂天列舉這些作為觀修空性的兩個主要利益。

因此，由於事物缺乏真實存在，所以有何可得？有何可失？有誰禮遇並尊重我？有誰輕蔑或責罵我？（第151偈）

-10-
即「世間八法」（利、衰、毀、譽、稱、譏、苦、樂）。

痛苦和安樂，這些是從何而生？而且什麼帶給我歡樂和憂傷？在探索並尋求圓滿真理中 -11-，誰是貪愛者？什麼是所貪愛的對象？（第152偈）

-11-
亦即處在現觀空性的根本定（見道無間道、見道解脫道、修道無間道或修道解脫道）當中。

現在檢視這個世間的有情：其中誰正在逝去？誰即將出生？誰已經出生？以及誰才是至親好友？（第153偈）

願有情就像我一樣能辨識和理解所有事物具有猶如虛空般的特性 ☙(1)！但是那些渴望幸福安樂的人們，由於（和怨敵起）衝突或貪愛（至親好友），（第154偈）

☙(1)
衰悲堪布在他的注釋中說，一切事物就像虛空，因為它們巧妙避開了分別心中「是」和「不是」的範疇。

因而內心被煩惱或極度的興奮強烈地擾亂，他們受苦、奮力、爭鬥，彼此相互砍殺並傷害。由於這些罪業，他們生活在極大的不幸中。（第155偈）

有時候他們在極樂的表面狀態中，恣情縱慾。但是在臨死之時，他們會墮入令人悲哀的國度，受到長期、難以忍受的痛苦折磨。（第156偈）

這些多數是三有（輪迴）的深淵與險崖，在該處無法發現空性的真理。而和所有這一切（三有輪迴）相違、可以否定這一切（三有輪迴）的真如性☞(2)或其同類，則無處可尋。（第157偈）

☞(2)
事物真正存在的方式或實相的本質。

在這個痛苦難耐、筆墨無法形容的無邊大海中，有情的力量微弱、生命危脆且短暫。（第158偈）

所有行為都是為了生活與健康，以及為了解除飢餓與疲倦，時間就在睡眠、所有事故與傷害，以及幼稚貧乏的友誼中耗盡了。（第159偈）

因此，生命迅速且毫無意義的流逝，而真正的洞見卻難以擁有。我們要如何覓得約束這個無益遊蕩的心的方法呢？（第160偈）

-12-
即「三惡趣」。

此外，邪惡的勢力運行並蒙蔽我們，令我們趨入不幸的狀態 -12- ；各式各樣虛假、欺騙人的邪道，難以驅散我們（對於正道）的疑惑。（第161偈）

暇滿人身難以再度獲得，佛陀出現於世更加難得，煩惱洪流難以度越，嗚呼！我們的痛苦形成一條永無止盡的相續之流。（第162偈）

實堪憐憫的這些有情們，在令人極為痛苦的洪水中載浮載沉，無論他們的處境如何險惡，對於所受的痛苦卻毫無警覺。（第163偈）

有些人重複沐浴，一再以火燒烤自己，雖然一直處在這種強烈的痛苦中，卻大聲宣稱自己得到極樂。（第164偈）

同樣地，有些人過著彷彿衰老和死亡不會來臨的生活。但是當生命結束時，緊接著來臨的便是墮入惡趣的難忍之苦。（第165偈）

要到什麼時候才能夠用來自於功德之雲傾洩而出的豐沛雨量，撲滅並平息痛苦烈燄所帶來令人怖畏的熱惱？（第166偈）

我恭敬地累積福德資糧，瞭解實有（空性）的般若，什麼時候才能為那些被實有執所摧毀的人們揭示空性的真理？

　　至此，寂天《入菩薩行論》〈第九品〉的簡短說明已經完成了。

❧ 觀修 ❧

　　現在讓我們觀修，就像寂天在〈第九品〉的結論
中解釋的，感受一切有情具有如幻的本質。我們可以
觀察對別人產生強烈的起伏情緒，例如生氣和忌妒的
結果。雖然有情就像幻化，但他們仍會感受到苦和
樂。省思自己和他人的空性本質，並試著克服這些負
面傾向的力量，例如生氣和欲望等煩惱情緒。接著思
考一切有情皆具有從痛苦中解脫的潛能，並以這樣的
認知，對一切有情生起強烈的悲心。讓我們試著培養
這樣的悲心，觀修大約五分鐘。

第十二章　發菩提心

❦ 修習智慧 ❧

珍視他人所產生的利益

　　寂天提到，一切的幸福與安樂，都是珍視其他有情福祉的結果；所有的問題、悲劇和災難，都是「重視自我的心態」-1- 所造成的結果。他說，關於這一點，從重視其他有情福祉的佛陀的諸多特質，以及我們目前所處的多舛命運就可以看出來，何須更進一步說明？把一般有情的缺點拿來和諸佛的覺悟特質與智慧作比較，便能夠容易地讓我們確信這一點。基於這個比較，可以看出重視其他有情福祉的利益與功德，以及重視自我和以自我為中心這種心態的過失與缺點。

　　寂天問，既然自己和其他人與生俱來就想要幸福、要痛苦，為什麼我們只顧追求自己的利益而犧牲別人，甚至到完全忽視他人的程度？我認為這點對某些事而言，講得非常貼切。所有其他有情就像自己一樣，都希望幸福、不要痛苦，每一個人對於任何層次的愉悅與幸福總是不滿足，這種情況對其他一切有情而言也是如此。就像我，身為一個個體，自然就有權力去實現這個基本渴望，所有其他有情也是如此。體

-1-
一般譯為「自愛執」。根據中觀應成派的觀點，它和「我執」（實有執）之間有四種可能性：（1）既有自愛執又有我執者，例如未入大乘道的凡夫；（2）有自愛執但無我執者，例如聲聞或獨覺的阿羅漢；（3）有我執但無自愛執者，例如大乘資糧道的菩薩；（4）既無自愛執亦無我執者，例如第八地（含）以上的菩薩。

認到這種基本的平等性是非常重要的。

　　其次，自己與他人之間的差異是什麼呢？不論每個人有多麼重要與珍貴，我們所談論的只是一個人的福祉而已；不論所忍受的痛苦有多麼嚴重，在這裡所關心的仍然只是單單一個人的利益而已。相反地，當我們談到其他有情的福祉時，「其他」這個字眼所指的則是無限、無數的有情。在「其他」的情況下，即使處理的只是程度輕微的痛苦，但是當我們把它們累積起來，我們談論的就變成是數量無限的有情的痛苦了。因此，從數量的觀點來看，其他有情的福祉相對來說要比自己一個人的福祉重要太多了。

　　即使從本身自利的觀點來說，假如其他人幸福滿足，我們也會感到幸福。另一方面，如果其他有情處在永無休止的痛苦狀態中，我們也將感受到同樣的痛苦命運。其他人的利益和我們的利益息息相關，情況確實如此。此外，根據自己的經驗，可以觀察到的是，當我們對於「我」的感覺抓得愈緊、愈重視個人的利益，則自己情緒與心理的問題也就愈多。

　　追求個人的利益當然很重要，但是我們需要一個更實際可行的態度，也就是，不要把個人的利益看得過分重要，應該多花一點時間去思考其他有情的福祉。多一些利他的想法，多考慮其他有情的感受與福

祉，這一點在追求我們的利益方面，應該是更健康的
做法。這樣做，將會看到顯著的改變，那就是我們會
覺得自己更放鬆，不再容易被稍微不順的逆境所激
怒，不會再認為每一件事都是在危急關頭，而使得我
們給人的整體印象、個性與生活方式都是處在被威脅
的狀態中。另一方面，如果我們總是只想到自己的私
利而完全不在意別人的福祉，那麼即使是最微不足道
的狀況，也會讓自己感受到極大的傷害與不安。這是
可以從自身經驗判斷得知的事實。

產生一個利益他人的善心，最終將利益自他雙
方；相反地，如果讓自我為中心的想法繼續奴役我們
的心，不論暫時或究竟，將只會使我們持續感覺到不
滿足、沮喪與不愉快，我們將浪費掉目前所擁有的大
好機會，亦即生而為人，以及擁有不可思議的人類智
力可以用來實現更高遠目標 -2- 的這個機會。因此，能
夠權衡這些究竟與暫時的結果，是非常重要的。還有
什麼比修菩提心，即為利眾生願成佛的誓願，可以讓
我們存在的人身更有意義？

-2-
亦即暫時的「增上生」
（來世的人天善趣）和究
竟的「決定勝」（包含解
脫和成佛兩類）。

產生覺悟之心

　　就我的方面來說，還不能說自己已經瞭解「覺醒之心」或「菩提心」。但是我對菩提心有很深的敬意。我覺得對於菩提心的讚嘆，是我的資產和勇氣的來源。這也是快樂的基礎，使我能夠讓別人快樂，而且是讓我感到心滿意足的要素。我完全投入並堅持這個利他的理想，不論生病或安好、變老或甚至面臨死亡，都會繼續堅持這個理想。我確信自己會對於發起利他菩提心的這個理想，一直保持深深的敬仰。在你們這方面，我的朋友們，我想呼籲你們儘可能地熟悉菩提心。如果能夠的話，努力發起這種利他與悲憫的心態。

　　真正瞭解菩提心，得花上好幾年的觀修。在某些情況下，甚至得花幾劫的時間才能獲得瞭解。但光在知識層面上瞭解菩提心是什麼是不夠的，即使有「願一切有情成就圓滿覺悟的狀態」這種直覺也不夠，這些都還稱不上是瞭解菩提心。即便如此，我仍然認為很值得，因為還有什麼修習比這個更有深度的呢？

　　就像寂天所說的：

就像煉金士可以把平凡無奇的材質轉變為無價的
珍寶，同樣地，可以讓不淨人身轉變為無價佛身
的菩提心，我們應該牢牢地抓住它！（I.10）

　　當我們膚淺地去思考菩提心時，它看起來似乎很
容易；它或許似乎沒有修習上的迫切性。相反地，壇
城與本尊的密續觀修或許看起來很神秘，會覺得更吸
引人，但是當我們真正從事修行時，菩提心是取之不
盡、用之不竭的。而且，修習菩提心也不會讓人產生
希望破滅與沮喪的危險；但是在觀修本尊瑜伽、念誦
咒語等時，則有希望轉為破滅的危險，因為我們在進
入這樣的修習時，經常懷抱著過高的期待。經過許多
年後，我們會想：「雖然我已經做了本尊瑜伽修習，
並且念誦所有咒語，但是卻沒有顯著的改變；我依然
沒有任何神秘的體驗。」這種希望破滅的情況，並不
會發生在菩提心的修習中。
　　因為菩提心的瞭解需要長期的串習，一旦你有些
微經驗時，透過祈願文來堅固你所培養的菩提心是很
重要的。這可以在一位上師面前或佛像前完成，這樣
的修習能夠進一步提升你發起菩提心的能力。或者藉
由在一個特定的儀式中接受菩薩律儀，在老師前面堅
定你發起的菩提心。

　　這個儀式的第一個部分是「發起願菩提心」。這裡牽涉的內容就是發起「為利眾生願成佛」的利他誓願。你立誓不僅在此世，甚至在未來的生生世世，都不會放棄或任由誓願退墮。作為一個承諾，有某些戒律必須遵守。第二個部分是接受菩薩戒的儀式，這應該由經歷過第一個階段並為自己做好準備的人來進行。

　　如果心中已經發起從事菩薩行的這種熱忱，那麼應該接受菩薩律儀。一旦你接受了菩薩律儀，不論喜歡與否，不論是否令人愉快，都必須如同珍愛自己的生命般立誓遵守這個律儀。為了立下這個誓言，你必須像山一樣堅定地下定決心，亦即你正在立下一個「從現在起，你將遵循菩薩戒，並依照菩薩學處過你的生活」的誓言。

　　當然，有些讀者並不是佛教修行者，甚至在佛教修行者中，有些或許還不想立誓接受菩薩律儀，特別是第二個部分 ✍ (1)。如果你猶豫是否要遵守菩薩律儀，最好不要立下這個誓言；你仍然可以生起利他心，並希望一切有情得到安樂，祈求你會有能力為了利益眾生而達到圓滿的覺悟。這應該就足夠了，你將會獲得發起菩提心的利益功德，但不必遵循這些律儀，而且比較沒有破戒的危險。因此，假設你尚未接

✍ (1)
接受菩薩律儀的正式儀式並沒有包含在這本書當中。

受任何律儀，就只要培養願菩提心即可。你可以自行
判斷。

懷著救度一切眾生的誓願，我將一直皈依佛、
法、僧，直至達到圓滿覺悟。
由於智慧與悲心引發的熱忱，今天在佛陀面前，
我發起為利眾生願成佛的心。
只要虛空仍然存在，只要有情仍然存在，願我也
存在到那個時候，並且消除這個世間的苦難。

附錄 引用的佛典文獻

◆經典

◎《緣起經》（梵*Pratityasamutpada adivibhanga nirde-sha sutra*；藏*rten cing 'brel bar 'byung ba dang po dang rnam par dbye ba bstan pa*；英*Dependent Origination Sutra*），《東北目錄》（Tohoku Catalogue），no. 211，「甘珠爾」（經典的翻譯），「經集部」，tsha函，123b-125a。

◎《心經》（梵*Prajnaparamita Hridaya Sutra*；藏*shes rab kyi pha rol tu phyin pa'i snying po*；英*Heart sutra*），《東北目錄》，no. 21，「甘珠爾」，「般若部」，ka函，144b-146a。

◆印度論典

◎聖天（Aryadeva，聖提婆），《四百論》（梵*Chatushatakashastra*；藏*rnal 'byor spyod pa bzhi brgya pa*；英*Four Hundred Verses*），《東北目錄》，no. 3846，「丹珠爾」（論典的翻譯），「中觀部」，tsha函，1b-18a。關於這部作品的現存梵文原典殘卷的完整英譯，見於 Karen Lang 的 *Aryadeva's Catuhwataka*（Copenhagen: Akademisk Forlag,

1986）。藏文版根本頌及嘉擦傑的注釋，可見於Ruth
Shnam翻譯、編輯的*The Yogic Deeds of Bodhisattva:
Gyel-tsap on Aryadeva's Four Hundred*（Ithaca: Snow
Lion, 1994）。

◎聖勇（Aryashura），《攝波羅蜜多論》（梵*parami-
tasamasa*；藏*pha rol tu phyin pa bsdus pa*；英
Compendium of the Perfections），《東北目錄》，no.
3944，「丹珠爾」，「中觀部」，khi函，217b-235a。
關於這部作品的梵文原典的完整英譯，可見於Carol
Meadows的*Arya-wura's Compendium of the Perfections*
（Bonn: Indica et Tibetetica Verlag, 1986）。

◎無著（Asanga），《菩薩地》（梵*Bodhisattvabhumi*；
藏*rnal 'byor spyod pa'i sa las byang chub sems dpa'i
sa*；英*Bodhisattva Levels*），《東北目錄》，no.
4037，「丹珠爾」，「唯識部」，vi函，1b-213a。

◎無著（Asanga），《阿毘達磨集論》（梵
Abhidharmasamuchaya；藏*chos mngon pa kun las btus
pa*；英*Compendium of Higher Knowledge*），《東北目
錄》，no. 4049，「丹珠爾」，「唯識部」，ri函，1b-
77a，44b-120a。根據這部作品的Walpola Rahula法譯
所進行的英譯，可見於Sara Boin-Webb的
Abhidharmasamuccaya: The Compendium of the Higher

Teaching（Fremont: Asian Humanities Press, 2001）。

◎無著（Asanga），《寶性論》（梵*Uttaratantra*；藏 *theg pa chen po rgyud bla ma*；英*The Sublime Continuum*），《東北目錄》，no. 4024，「丹珠爾」，「唯識部」，phi函，54b-73a。這部作品的英譯，可見於Ken和Katia Holmes合譯、標題為The Changeless Nature（*Eskdalemuir, Scotland: Karma Drubgyud Dharjay Ling, 1985*）一書。

◎清辨（Bhavaviveka），《中觀心論注：思擇燄》（梵 *Tarkajvala*；藏*dbu ma rtogs ge 'bar ba*；英*Blaze of Reasoning*），《東北目錄》，no. 3856，「丹珠爾」，「中觀部」，dza函，40b-329b。

◎月稱（Chandrakirti），《明句論》（梵*Prasannapada*；藏*dbu ma rtsa ba'i 'grel pa tshig gsal ba*；英*Clear Words: Commentary on the "Fundamental Wisdom of the Middle Way"*），《東北目錄》，no. 3860，「丹珠爾」，「中觀部」，ha函，1b-200a。

◎月稱，《中觀四百論釋》（梵*Chatushatakatika*；藏 *bzhi brgya pa'i rgya cher 'grel pa*；英*Commentary on "Four Hundred Verses on the Middle Way"*），《東北目錄》，no. 3865，「丹珠爾」，「中觀部」，ya函，30b-239a。

◎月稱，《入中論》（梵*Madhyamakavatara*；藏*dbu ma la 'jug pa*；英*Supplement to the Middle Way*），《東北目錄》，no. 3861，「丹珠爾」，「中觀部」，ha函，201b-219a。這部作品的英譯，可見於 C. W. Huntington, Jr.的 *The Emptiness of Emptiness*（Honululu: University of Hawaii, 1989）。

◎法稱（Dharmakirti），《釋量論》（梵*Pramanavarttika*；藏*tshad ma rnam 'grel gyi tshig le'ur byas pa*；英*Commentary on the "Valid Cognition"*），《東北目錄》，no. 4210，「丹珠爾」，「因明部」，ce函，94b-151a。

◎龍樹（Nagarjuna），《釋菩提心論》（梵*Bodhichittavivarana*；藏*byang chub sems kyi 'grel pa*；英*Commentary on the Awakening Mind*），《東北目錄》，no. 1800及1801，「丹珠爾」，「密續部」，ngi函，38a-42b，42b-45a。這部簡短作品的英譯，可見於Chr. Lindtner的*Nagarjuniana: Studies in the Writings and Philosophy of Nagarjuna*（Delhi: Motilal Banarsidass, 1987）。

◎龍樹，《經集論》（梵*Sutrasamuchaya*；藏*mdo kun las btus pa*；英*Compendium of Sutras*），《東北目錄》，no. 3934，「丹珠爾」，「中觀部」，ki函，

148b-215a。

◎龍樹，《寶鬘論》（梵*Ratnavali*；藏*rgyal po la gtam bya ba rin po che'i phreng ba*；英*The Precious Garland*），《東北目錄》，no. 4158，「丹珠爾」，「書信部」，ge函，107a-126a。這部作品由John Dunne和Sara McClintock英譯，標題為*The Precious Garland: An Epistle to a King*（Boston: Wisdom Publications, 1997）。

◎ 龍 樹 ， 《 中 觀 根 本 慧 論 》（ 梵 *Mulamadhyamakakarika*；藏*dbu ma rtsa ba'i tshig le'ur byas pa*；英*Stanzas on the Fundamental Wisdom of the Middle Way*），《東北目錄》，no. 3824，「丹珠爾」，「中觀部」，tsa函，1b-19a。這部作品有許多英譯，包括Fredrick Streng的*Emptiness: A Study in Meaning* (Delhi: Motilal Banarsidass, 1987)、Kenneth Inada的*Nagarjuna: A Translation of His Mulamadhyamakakarika with an Introductory Essay*（Tokyo: The Hokuseido Press, 1970）和Jay Garfield的*The Fundamental Wisdom of the Middle Way*（New York: Oxford University Press, 1995）。

◎智作慧（Prajnakaramati），《入菩薩行論難處釋》（梵*Bodhicaryavatarapanjika*；藏*byang chub sems* dpa'i spyod pa la 'jug pa'i dka' 'grel；英*Explanation of the Difficult Points of "Guide to the Bodhisattva's Way of Life"*)，《東北目錄》，no. 3873，「丹珠爾」，「中觀部」，la函，288b-349a。

◎寂護（Shantarakshita），《中觀莊嚴論》（梵*Madhyamakalamkara*；藏*dbu ma rgyan gyi tshig le'ur byas pa*；英*Ornament of the Middle Way*)，《東北目錄》，no. 3884，「丹珠爾」，「中觀部」，sa函，53a-56b。

◎寂天（Shantideva），《集學論》（梵*Shikshasamuchaya*；藏*bslab pa kun las btus pa*；英*Compendium of Deeds*)，《東北目錄》，no. 3940，「丹珠爾」，「中觀部」，khi函，3a-194b。Cecil Bendall和W.H.D. Rouse由梵文譯為英文（*Delhi: Motilal Banarsidass, 1971；reprinted*)。

◎寂天，《入菩薩行論》（梵*Bodhicharyavatara*；藏*byang chub sems dpa'i spyod pa la 'jug pa*；英*The Way of the Bodhisattva*)，《東北目錄》，no. 3871，「丹珠爾」，「中觀部」，la函，1b-40a。這部作品存在許多英譯本，包括Stephen Batchelor的*Guide to the Bodhisattva's Way of Life*（*Dharamsala: Library of Tibetan Works & Archives, 1979*)、由Padmakara

Translation Group翻譯的*The Way of the Bodhisattva*（*Boston: Shambala Publications, 1997*），以及由Kate Krosby和Andrew Skilton合譯的*The Bodhicaryavatara*（*New York: Oxford University Press, 1995*）。

◎ 世 親 （ Ｖａｓｕｂａｎｄｈｕ ）， 《俱舍論》（ 梵 *Abhidharmakosha*；藏*chos mngon pa mdzod kyi tshig le'ur byas pa*；英*Treasury of Lower Knowledge*），《東北目錄》，no. 4089，「丹珠爾」，「對法部」，ku 函，1b-25a。根據La Valle　Poussin的法文版的英 譯，可見於Leo M. Pruden的*Abhidharmakowa-bhasyam*（*Fremont: Asian Humanities Press, 1991*）。

◆西藏著作

◎袞桑奔登堪布（Ｋ　nsang Palden, Khenpo），《入菩 薩行論根本頌與釋論：文殊上師言教》（藏*byang chub sems dpa'i spyod pa la 'jug pa rtsa ba dang 'grel pa；Sacred Words of My TeacherManjushri*），印刷 版，四川：民族出版社，1990 -1- 。

◎彌亞‧袞桑綏南（Ｋ　nsang Ｓ　nam, Minyak），《入 菩薩行論釋疏：佛子功德妙瓶──闡明甚深緣起空 性之明燈》（藏*spyod 'jug gyi 'grel bshad rgyal sras yon*

-1-
英譯本參The Padma-kara Translation Group 所譯的*Wisdom: Two Buddhist Commen-taries--on the Ninth Chapter of Shanti-deva's Bodhi-charya-vatara*,
Peyzacle Moustier: Editions Padmakara, 1993.。

tan bum bzang；英*Brilliant Lamp Illuminating the Suchness of Profound Dependent Origination*），印刷版，新華：民族出版社，1990 -2- 。

◎米龐・蔣央南傑嘉措（Mipham Jamyang Namgyal Gyatso），《中觀莊嚴論廣疏》（藏*dbu ma rgyan gyi rnam bshad*；英*Exposition of the Ornament of the Middle Way*），「居・米龐文集」，nga函（即第4函）。

◎宗喀巴（Tsongkhapa），《入菩薩行論第九智慧品注釋》（Note on the Wisdom Chapter），「宗喀巴文集」，pha函（即第14函）。

◎賈擦傑（Gyaltsap Je），《入菩薩行論廣疏：佛子正道》（藏*byang chub sems dpa'i spyod pa la 'jug pa'i rnam bshad rgyal sras 'jug ngogs*；英*Gateway of Entrance for the Bodhisattvas: A Thorough Exposition of the Guide to the Bodhisattva's Way of Life*），「賈擦傑文集」，nga函（即第4函）。

-2-
英譯本參The Padmakara Translation Group 所譯的 *Wisdom: Two Buddhist Commentaries on the Ninth Chapter of Shantideva's Bodhicharyavatara*, Peyzac-le-Moustier:Editions Padmakara, 1993. 。

善知識系列JB0044

當光亮照破黑暗：達賴喇嘛講《入菩薩行論》＜智慧品＞

作　　者：達賴喇嘛
譯　　者：廖本聖
封面設計：黃健民
內頁版型：吳懿儒

總 編 輯	張嘉芳
編　　輯	丁品方
業　　務	顏宏紋
出　　版	橡樹林文化
	城邦文化事業股份有限公司
	台北市民生東路二段141號5樓
	電話：(02)25007696傳眞：(02)25001951
發　　行	英屬蓋曼群島商家庭傳媒股份有限公司城邦分公司
	台北市民生東路二段141號2樓
	客服服務專線：(02)25007718；(02)25001991
	24小時傳眞專線：(02)25001990；25001991
	服務時間：週一至週五上午09:30-12:00；下午13:30-17:00
	劃撥帳號：19863813；戶名：書虫股份有限公司
	讀者服務信箱：service@readingclub.com.tw
香港發行所	城邦（香港）出版集團有限公司
	香港灣仔駱克道193號東超商業中心1樓
	電話：(852)25086231 傳眞：(852)25789337
	E-mail: hkcite@biznetvigator.com
馬新發行所	城邦（馬新）出版集團【Cite (M) Sdn.Bhd. (458372 U)】
	41, Jalan Radin Anum, Bandar Baru Sri Petaling, 57000 Kuala Lumpur, Malaysia.
	電話：(603) 90578822　傳眞：(603) 90576622
	E-mail:cite@cite.com.my
印　　刷	中原造像股份有限公司
	初版一刷　　2008年2月
	初版八刷　　2020年12月
	ISBN：978-986-7884-77-0
	定價：300 元

城邦讀書花園
www.cite.com.tw

國家圖書館出版品預行編目資料

當光亮照破黑暗：達賴喇嘛講《入菩薩行論》〈智慧品〉／
達賴喇嘛著；廖本聖譯.-- 初版.-- 臺北市：橡樹林文化，
城邦文化出版：家庭傳媒城邦分公司發行，2008.02
面 ； 公分.--（善知識系列；JB0044）
譯自：Practicing Wisdom: The Perfection of
　　　　Shantideva's Bodhisattva Way
ISBN 978-986-7884-77-0（平裝）

1.藏傳佛教　2.佛教說法　3.論藏

226.965　　　　　　　　　　　　　96023159